____________________ 께

인생의 언덕 하나를 또다시 넘고 있는 그대가

지나온 날들을 자신의 것으로 온전히 받아들여 끌어안고,

앞으로의 생을 새롭게 디자인할 때

이 책이 작은 이정표가 되길 바랍니다.

당신의 멋진 후반생을 응원합니다!

행복한
이모작
학교 3

쫌
앞서가는 가족

행복한
이모작
학교 3

쫌 앞서가는 가족

시니어 공동체주거를 생각한다

김수동 지음

궁리
KungRee

서문

당신의 집은 안녕하신가요?

얼마 전 제가 참여하고 있는 공동체주택 '여백'의 워크숍에서 "어떻게 하면 공동체주택의 정체성을 지키고 유대를 강화시켜 나갈 것인가"라는 주제로 토론을 했습니다. 서울시 홈페이지에 소개된 내용에 의하면 '공동체주택'은 획일화된 아파트에서는 불가능한, 나만의 취향이 담기고 이웃과 함께하는 집, 같이 만들고 함께 누리는 주택, '삶을 공유'하는 맞춤형 주택이라고 합니다. 공동체주택은 공동의 목적을 가진 사람들이 함께 거주하여 물건, 공간, 함께 사는 사람들의 시간도 '공유'하며 삶의 질을 높이는 주택을 말합니다.

그럼 과연 공동체주택은 우리가 지금까지 알던 일반주택과 무엇이 다를까요? 저는 이와 관련하여 "과연 나의 집은 내 집인가?"라는 질문을 스스로에게 해보았습니다. 물론 내 몫의 돈을 지불하고 법적으로 내 명의로 등기가 될 터이니 내 집이라고 해도 뭐라고 시비 걸 사람도 없을 것 같은데… 선뜻 "그래 이건 내 집이야!"라고 하기가 쉽지 않았습니다.

왜냐하면 우리가 이 집을 완성하기까지

- 이 일을 이루기 위해 모든 조합원들이 한마음으로 오랜 시간 많은 노력을 해왔고
- 좋은 땅과 지주를 만났고
- 시공사는 업체이익으로 취할 수도 있었던 개발이익을 입주자들에게 분배했고

우리 때문에

- 앞집은 조망을 잃었고
- 우리 집 옆에 있는 식당은 영업에 지장을 받고 있었습니다.

이러한 결과로 우리는

- 아름다운 자연 속에
- 실용적이며 튼튼하고 예쁜 집과 함께
- 그 무엇과도 비교할 수 없는 이웃들과 '어쩌다가족', '쫌 앞서가는 가족'을 이루어 살 수 있게 되었습니다.

이야기를 좀 더 공식적인 내용으로 바꿔보겠습니다. 우리가 흔히 알고 있는 주택의 소유형태로는 사유주택과 공공주택이 있습니다. 사유주택은 소유자가 소유권을 가지며 직접 살거나 임대를 주게 됩니다. 공공주택은 공공기관이 소유권을, 임대인이 거주권을 가지는 주택을 말합니다.

사실 모든 주택은 인간다운 주거생활을 할 수 있는 권리, 즉 '주거권'이라는 공공성을 기본으로 합니다. (헌법 제35조. ① 모든 국민은 건강하고 쾌적한 환경에서 생활할 권리를 가지며, 국가와 국민은 환경보전을 위하여 노력하여야 한다. ③ 국가는 주택개발정책 등을 통하여 모든 국민이 쾌적한 주거생활을 할 수 있도록 노력하여야 한다.)

그러나 우리 정부는 매우 오랫동안 주택을 경기부양 목적의 산업정책으로 접근해왔고, 개인은 재테크 수단으로 집을 이용하여 재산을 증식해왔습니다. 당연히 공공주택이란 극소수 취약계층을 위한 생색내기 정도밖에 공급이 안 되고 있습니다.

우리나라의 대표적인 주택형태는 바로 아파트입니다. 건축가 박철수는 그의 책 『아파트』에서 우리 사회를 "공적 냉소와 사적 정열이 지배하는 사회"라고 이야기하였습니다. 참 공감이 가는 표현입니다. 아파트에 대해 겉으로는 이러쿵저러쿵 말들 하지만 속으로는 아파트를 욕망했습니다. 처음에는 주거의 편리성이 주된 동기였으나 어느새 그 무엇과도 비교할 수 없는 재테크 수단이 되었습니다.

그 욕망이 대한민국을 아파트공화국으로 만들었습니다. 아파트는 집의 모양만 바꾼 것이 아닙니다. 우리의 공동체, 즉 마을을 파괴하고 이웃을 멀어지게 하였습니다. 아파트만 사면 모두들 무엇에 홀린 듯이 집값의 노예가 되었습니다. 무슨 일이 있어도 집값은 떨어지면 안 되는 것이었습니다. 부녀회, 입주자대표회의 등 모든 입주자 조직은 어느새 집값을 지키는 전사집단이 되었습니다.

강남과 강북, 아파트와 빌라, 큰 평수와 작은 평수, 분양과 임대, 집주인과 세입자… 끊임없이 등장하는 창조적인 기준들로 우리는 계급화되어 차별되고 구별되었습니다. 우리 동네에 무슨 일이 있는지 모르지만 무슨 일이든 집값이 오르는 데 도움이 되면 좋고 집값에 부정적인 영향을 주는 일이라면 결사항전의 대상입니다. 나라에 뭔 일이 있는지 모르지만 내 마음은 집값이 오르면 평화요 내리면 지옥입니다.

이 평화는 언제까지 지속될 수 있을까요? 이제 점점 그 평화가 위협받고 있습니다. 집이 있는 사람은 집값이 떨어질까 걱정하고, 집이 없는 사람은 갈수록 소득은 줄어드는데 하염없이 오르기만 하는 미친 전월세 가격에 집을 줄이거나 점점 도시 외곽으로 밀려나가고 있습니다. 청년들은 지하와 옥탑방, 고시원을 떠돌며 어렵게 번 돈의 상당부분을 주거비에 소진하고 있습니다. 모두가 '집' 때문에 걱정입니다.

이와 같이 절망적인 상황에서 최근 들어 아파트와는 다른 대안적 주거로 공동체주택에 대해 고민하고 실행에 옮기는 사람들이 늘어나고 있습니다. 이들이 단순히 경제적인 이유만으로 공동체주택을 선택하지는 않았을 것입니다.

공동체주택의 중요한 모델 중 하나가 바로 '협동조합주택'입니다. 협동조합주택의 법적인 정의와 별개로 직관적 개념에 대해 저는 '내가 거주권을 지니는 우리의 집'이라고 생각합니다. '안정적 거주'에 중점을 두고 소유의 주체가 개인이 아닌 입주자들로 구성된 협동조합이 되는 준공공주택이라고 볼 수 있습니다.

하지만 여전히 주택에 대한 소유 욕구가 강하고 실정법 체계 자체가 협동조합주택의 존립이 쉽지 않은 사회구조 때문에 많지 않은 공동체주택의 상당수가 협동조합주택의 정신을 가지고 시작했지만 법적으로는 사적 소유형태로 되어 있는 실정입니다.

이럴 경우 공동체의 기반이 약하거나 구성원들이 공동체주택의 의미와 가치에 대해 충분히 공감하고 공유하지 못할 경우에는 쉽게 와해되어 무늬만 공동체주택이 되는 경우도 있습니다. 만약 이렇게 된다면 참 재미없고 불편한 집이 바로 정체성을 상실한 공동체주택입니다.

과거 공동육아나 활동가 단체 등 매우 결속력 높은 커뮤니티 그룹에서 자신들의 정체성, 가치와 비전을 지속시키기 위한 노력에서 시작되었던 공동체주거. 그러나 최근 들어 5060세대들이 공동체주택의 새로운 주체로 부각되고 있습니다.

중산층이 급속히 붕괴되고 있는 현실에서 가진 게 '집'밖에 없는 중장년 서민 중산층들이 서로 힘을 모아 공동체주택을 통해 각자도생을 넘어 공동체적 삶으로 전환한다면, 노후파산과 무연사회의 위협으로부터 벗어나 더불어 함께 건강하고 행복한 인생 후반을 도모할 수 있는 의미있는 주거 대안이 될 것입니다.

그러나 누군가 공동체주택에 대한 올바른 이해 없이 저렴한 비용으로 주택을 마련하거나 시세차익을 목적으로 공동체주택 설립에 참여할 경우, 이것은 선의의 피해자를 만들고 공동체가 파괴되는 결과를 초래할 수도 있습니다.

따라서 저의 공동체주택으로의 주거전환 고민과 경험을 담은 이 책이 인생 후반을 맞이하여 대안적 주거와 삶을 고민하는 모든 분들에게 공동체주택에 대한 이해를 돕고 성공적인 전환을 돕는 실용적인 지침서가 되었으면 합니다.

2017년 6월

김수동

차례

| 서문 | 당신의 집은 안녕하신가요? … 5

1부 왜 시니어 공유주택인가? 15

1. 후반생을 살기 위한 집과 주거에 대한 고민 … 17
2. 시니어 비즈니스는 없다, 시니어를 위한 집도 없다 … 24
3. 잊힌 단어 '공동체' … 30
4. 왜 공동체주택에 대한 관심이 늘어나고 있는가? … 37
5. 시니어 공동체주거 국내외 사례 … 42

2부 공동체? 대체 누구와 함께 살 수 있을까? 65

1. 전통적 가족의 해체 … 67
2. 우리는 비정상(?) 가족 … 73
3. 아는 사람? 모르는 사람? … 77
4. 관계와 경계 … 81

시니어 주거토크1 | 〈식구의 탄생〉(EBS) … 85

3부 ✐ 삶의 전환이 우선이다 91
1. 왜 지금 '전환'을 이야기하는가? … 93
2. 의식의 전환 … 99
3. 중심의 전환 … 102
4. 가치의 전환 … 106
5. 목표의 전환 … 113
6. 일의 전환 … 116

시니어 주거토크2 | 『마흔 이후, 누구와 살 것인가』(심플라이프) … 124

4부 ✐ 함께라서 즐거운 '행복한 집짓기' 129
1. 공동체주택의 확산이 더딘 이유 … 131
2. 공동체주택은 '위험한 집' … 134
3. 지금 시작하라 … 141
4. 고독력과 공동체주거 적합도 … 145
5. 공동체와 갈등 … 148
6. 법적 계약(규약)의 필요성 … 160
7. 프로슈머 … 165
8. 전문 코디네이터를 활용하라 … 168
9. 입주 후 삶을 준비하라 … 172

시니어 주거토크3 | 〈브루클린의 멋진 주말〉 … 177

5부 ✐ 쫌 앞서가는 가족들을 기다리며 183

1. 도시에서 나이 든다는 것 … 185

2. 공동체주거를 하는 사회적 가족의 미래 … 191

| 부록1 | 공동체주거 적합도 테스트 … 199

| 부록2 | 공동체주택에 대한 소비자 인식 조사 … 215

| 부록3 | 공동체주택 설립 및 운영에 관한 계약서(임대형) … 237

| 부록4 | 공동체주택 설립 및 운영에 관한 계약서(지분공유형 … 261

1부

왜 시니어 공유주택인가?

1

후반생을 살기 위한 집과 주거에 대한 고민

지금의 5060세대에게 가장 중요한 삶의 과제는 아마도 자녀교육과 내 집 마련일 것이다. 좋은 학교를 나와야 신분상승의 사다리를 오를 수 있었고, 집은 그 무엇과도 비교할 수 없는 최고의 자산증식 수단으로 여겼다. 이와 같이 한때 성공과 노후대비의 상징이었던 집. 그러나 어느덧 세상은 변하여 대다수 서민 중산층 50+세대에게 남은 거라고는 달랑 '집' 하나인 것이 현실이다.

집이 있는 사람은 노후를 지탱해줄 마지막 보루인 집값이 떨어질까 걱정하고 집이 없는 사람은 갈수록 소득은 줄어드는데 하염없이 오르기만 하는 전월세 가격에 집을 줄이거나 점점 도시의 외곽으로 밀려나가고 있다. 청년들은 지하와 옥탑방, 고시원을 떠돌며 어렵게 번 돈의 상당부분을 주거비에 소진하고 있다. 모두가 '집' 때문에 걱정이다.

고령화와 가족의 해체로 고령가구가 빠르게 늘고 있으며, 노년의 삶 또한 장기화되고 있다. 길어진 후반생을 어떻게 살 것인가의 문제는 개인적인 차원 뿐 아니라 사회적인 차원에서도 다루어야 할 중요한 과제이다.

주거문제는 커다란 사회문제이자 거대담론의 소재이기도 하지만, 한편으로는 워낙 사적인 영역이고 그 상황이나 욕구가 매우 상이하기 때문에 공론의 장을 펼치기가 참 어려운 분야이다. 그럼에도 불구하고 모든 문제해결의 시작은 올바른 문제인식에 있기에 나는 집과 주거에 대한 문제가 더 이상 개인의 문제가 아닌 우리 모두의 문제임을 공감하는 자리가 필요하다고 생각한다.

그래서 2016년 4월 27일 더함플러스협동조합은 서울도심권 50+센터와 공동으로 '50+, 당신의 집은 안녕하신가요?'라는 제목하에 주거문제 토론회를 개최하였다.

이 날의 토론회는 은퇴와 노년기 진입을 앞둔 50+세대의 주거에 대한 생생한 고민을 서로 나누고, 집과 주거 문제를 새로운 관점에서 생각해보기 위해 일반 시민들의 이야기에 초점을 맞추었다.

앞에서 이야기했듯이 주거문제는 매우 사적인 영역이라 공개적인 자리에서 말을 하기가 쉽지 않을 것으로 생각했었는데, 의외로 모두들 솔직하고 담담하게 이야기를 해주었다. 주요 사항을 정리하면 다음과 같다.

"소통이 단절된 아파트도 싫지만 낯선 귀농 · 귀촌도 생각이 없다. 도심권에서 너무 부담스럽지 않은 느슨한 공동체를 이루어 살고 싶다."

"지금 당장은 아니지만 귀촌을 생각하고 있다."

"작년에 요양원에서 지내시던 부모님이 돌아가셨다. 어르신은 요양원을 벗어나고 싶어하셨는데, 다른 대안이 없어 어쩔 수 없이 그곳에서 지내셨다. 그것이 못내 안타깝고 죄송스럽다. 시설이 아닌 내 집에서 노후를 평안히 보낼 수 있는 주거대안이 있으면 좋겠다."

"은퇴 후 수익형 부동산으로 원룸 임대주택을 운영하고 있다. 월세 수입은 생활에 도움이 되지만 관리업무와 민원 스트레스가 만만치 않다."

"친구들과 오래전부터 공동체주거를 꿈꿔왔다. 이제 구체적으로 실행에 옮기고자 집을 지을 땅을 찾고 있다."

"아직 결혼을 하지 않은 성인 자녀와 같이 살고 있다. 내심 결혼할 때 부모가 지원을 해주기를 원하는 것 같다. 요즘 현실을 보면 외면할 수도 없고 지원을 해주자니 부담이 되고 걱정이다."

매우 다양하지만 한편 우리가 주변에서 익숙하게 보아왔던 문제들이 아닌가 하는 생각이 든다.

이어서 '고령사회의 실용적 노후주거의 대안으로서 공동체주거'라는 제목으로 내가 발제를 한 후 후속 토론이 이어졌다.

내가 이야기하고자 하는 핵심은 "50+세대에게 집과 주거는 누구와 어디서 무엇을 하며 살 것인가에 대한 충분한 고민이 필요하며, 그 결과로서 관계와 활동을 담을 수 있는 공간인 집을 설계하자"는 것이다. 또한 이제 과거와 같은 고소득을 기대하기 힘든 50+세대가 적게 벌고도 덜 쓰고 더 행복하게 살 수 있는 주거형태가 바로 공동체주거라는 제안을 하였다.

발제에 이어 발제내용에 대한 질의응답을 포함한 토론이 이어졌다. 예상대로 대부분의 참석자들은 공유주택과 공동체주거에 대한 이해가 많지 않았다. 따라서 낯선 사람들과 어울려 사는 것에 대한 갈등과 위험성에 관한 질문이 연이어 계속되었다.

이 문제는 공동체주거를 추진하는 과정으로 답변을 대신하였다. 일반주택과 달리 공동체주택은 공동체주거를 원하는 사람들이 자발적으로 모여 장시간에 걸친 커뮤니티 형성과정을 병행하면서 추진한다. 그러므로 그 과정에서 서로에 대한 이해를 하게 되고, 추진과정에서 벌어지는 외부적인 위험에 공동으로 대처하며 신뢰가 쌓이고 협동의 효과를 경험할 때 공동체의 결속이 강화되는 과정을 설명하였다.

다음으로 많은 이야기가 오갔던 문제는 역시 자녀문제였다.

"아이들에게 부담을 지우지 않기 위해서도 부모가 자립하여야 한다. 부모가 자신들 노후대책도 없이 아이들 지원을 하면 시간이 지나 더 큰 문제가 될 수 있다."

"논리적으로야 그렇지만 요즘 현실이 어디 청년들 또한 자립하기가 쉬운가? 아이들의 어려운 사정을 알면서 어떻게 외면할 수 있나?"

참 어려운 문제다. 이때 한 분이 자신의 사례를 이야기해주셨다.

"최근에 아이들 혼사를 치렀다. 양가 모두 형편이 넉넉지 않았지만 작은 결혼식을 예쁘게 잘 치렀고 서로 힘을 합쳐 형편에 맞게 살림을 차렸다. 대부분의 아이들이 자립심도 강하고 의식도 바르다. 너무 걱정할 필요 없다."

이 문제는 결국 다 큰 성인자녀임을 고려할 때, "우선 자녀들 지원문제에 대해 부부간 의사가 일치하여야 하고, 자녀와도 일찍부터 충분한 이야기를 나눌 필요가 있다"라는 데 모두 공감을 하였다.

또 하나 기억에 남는 이야기가 있다. 말씀해주신 분은 노인복지관에서 자원봉사를 오래 하셨다고 한다. 어르신들을 가까이에서 모시며 관찰한 결과 부부 갈등의 커다란 원인 중 하나가 밥해드시는 어려움이라고 했다. 따라서 귀촌이든 공동체주거든 여성을 설득함에 있어 식사를 비롯한 가사노동의 부담을 덜어줄 수 있는 솔루션을 제공할 수 있다면 많은 여성들의 공감을 얻을 수 있을 것이라는 말씀을 해주었다. 그래서 요즘 복지관에서는 아버님들을 위한 요리교실이 인기가 많다고 한다.

참가자들은 이날의 토론회가 집에 관한 고민이 나만의 문제가 아니라 모두의 문제라는 공감의 시간이었고, 은퇴 후 관계와 활동을 담을 수 있는 공간으로서의 집의 의미를 생각해보는 소중한 시간이었다고 이야기하였다.

이날 토론회를 마무리하면서 나는 두 가지를 이야기하였다.

첫째, 집에서 온전한 '주거'를 분리하라.

50+세대에게 집은 단순한 주거공간이 아니다. 자신의 노후대책이며, 자녀의 결혼자금이고, 은퇴 후 사업자금이기도 하다. 우리는 집에 너무 많은 부담을 지우고 있다. '집' 이외 다른 자산이 거의 없기 때문에 뭘 하나 하려 해도 집을 팔거나 집을 담보로 대출을 받거나 할 수밖에 없다. 계획대로 일이 진행되지 않으면 결국 주거불안과 노후파산으로 이어지고 있다. 이것은 대단히 위험하다. 따라서 최우선적으로 노년의 삶을 안정적으로 머물 수 있는 주거대책을 강구하여야 한다.

둘째, 장기적인 과제로 접근하라.

50+세대가 주거를 재편하여 새로이 집을 마련하는 것은 단순히 집을 사는 것이 아니다. 인생 후반을 누구와 어디서 무엇을 하며 살 것인가에 대한 고민이 필요하다. 의식주가 생존의 조건이라면 의미있는 노년의 삶을 위해서는 다양한 사회적 관계와 의미 있는 역할과 활동이 필요하다. 노후의 주거란 그러한

관계와 활동을 담을 수 있는 공간을 마련하는 것이다. 고령사회와 장기 저성장 시대를 맞아 더 이상 사적인 욕망의 대상으로서 '집'이 아닌, '사는 곳'으로서의 집에 대한 본질적 의미와 기능을 고려한 주거를 마련하여야 한다.

2

시니어 비즈니스는 없다,
시니어를 위한 집도 없다

국책연구기관에서 주관하는 포커스 그룹 인터뷰(Focus Group Interview)에 참석한 적이 있다. 주제는 〈시니어 창업현황과 문제점, 발전방향에 대한 토론〉이었다. 담당자가 설명한 행사 추진배경은 다음과 같다.

"고령화에도 불구하고 시니어 비즈니스가 활성화되지 않는 것은 시장 참여자도 부족하고 시니어의 니즈(needs)에 적합한 솔루션이 없는 것도 큰 원인이라고 생각한다. 그래서 시니어 문제를 잘 아는 은퇴세대를 대상으로 창업지원을 함으로써 시니어 비즈니스를 활성화시킬 수 있을 것으로 기대한다."

"이렇게도 현실을 모를 수가!" 하는 생각에 난 깜짝 놀랐다. 결론부터 말하자면 우리나라에 인구통계학적 시니어는 많지만 비즈니스를 이야기할 만한 시니어 마켓은 없다. 먼저 지금의 시니어는 과거의 '노인'과는 확연히 다르다. 그렇게 퉁쳐서 부를 만큼 단순하지 않다. 지금의 시니어는 매우 다양하고 복잡하다.

일단 공통적으로 나이 드는 것 자체에 대한 거부감이 시장형성을 어렵게 한다. 그래서 과거에는 단순히 '노인'으로 불렸던 것이 한때는 '실버'였다가, 이제는 '시니어', '액티브 시니어', '꽃중년' 등으로 계속 진화하고 있다. 결국 '나이 든 사람'으로 인식되는 것 자체를 거부하고 싶은 심리를 표현하는 것이다. 따라서 어렵게 개발한 제품이 시장에서 시니어제품이라고 인식되면 그 사업은 망하는 길에 접어드는 것이다. 노인도 노인전용 제품을 싫어한다.

다음으로 시니어 전체를 대상으로 하는 매스마켓은 없다. OECD 최고를 자랑하는 노인빈곤율과 갈수록 심화되는 양극화로 인하여 시장에 기여할 소비층 자체가 그렇게 크지 않다. 물론 부자들도 꽤 있다. 하지만 그들은 항상 VVIP일 뿐 시니어 마켓의 소비자가 아니다. 빈곤층은 공공복지의 영역으로 민간기업의 관심대상이 아니다. 그리고 달랑 '집' 하나가 현실인 절대다수의 서민 중산층은 미래가 불안하여 지갑을 꽉꽉 닫고 산다.

공공복지 영역에서 취급하는 노인복지용품 시장도 적지 않은 규모를 형성하고 있다. 그러나 자체 연구개발을 통해 복잡하고 어려운 절차를 뚫고 그 시장에 진입하는 것은 스타트업이 감당할 만하지 못하다. 그러니 해외에서 수입해 원가를 부풀리고 관련기관에 영업을 해서 요양급여 적용대상 지정 받는 것이 속 편하다.

물론 이같이 열악한 상황에서도 딜라이트 보청기처럼 드물게 빛나는 기업도 있었다. 하지만 그들은 혁신적 청년 벤처기업가이지 지원을 필요로 하는 시니어 창업가가 아니다.

나는 그날 강하게 주장했다. "시니어를 대상으로 섣불리 창업을 독려하지 마라!"

은퇴세대가 뭐라도 하려면 하나 남은 집을 팔거나 이를 담보로 대출을 받아야 한다. 그러나 이미 회복력이 떨어진 이들의 한번 실패는 바로 주거불안과 노후파산으로 이어진다.

그러나 아무리 어려운 환경이라 할지라도 불굴의 의지로 사업을 일궈 나가는 진정한 기업가 또한 늘 있다. 이들은 나이와 관계없으며 굳이 시니어라는 이름표를 붙이지 않아도 이미 이들을 위한 창업지원 프로그램은 충분히 많다.

시니어 비즈니스는 없다. 그리고 시니어를 위한 집도 없다. 지금으로부터 10~15년 전쯤 고령자를 위한 주거시설이 큰돈을 벌 수 있는 신시장으로 인식되어 실버타운과 노인복지주택 등이 확대되었던 시절이 있었다. 그러나 이들 주택은 편법적 부동산 개발사업으로 왜곡되었다. 편법/불법분양, 부실경영, 보증금 먹튀 등으로 십수 년간 선의의 피해자가 양산되었으나 아직도 개선되지 않고 있다.

우리보다 일찍 고령화가 진행된 일본과 유럽, 그리고 미국 등의 선진국에는 고령자를 위한 다양한 주거형태가 존재한다. 어시스티드 리빙, 서비스드 하우스라고 불리는 이들 주택은 단순히 하드웨어만을 의미하는 것이 아니라 호텔의 컨시어지 서비스와 유사하게 고령자를 위한 다양한 케어 서비스를 포함하고 있다. 즉 운영 노하우와 전문성을 필요로 한다.

그러나 우리나라 영리기업의 경우 이렇게 복잡하고 어렵게 서비스 포함 고령자주택을 운영할 이유가 없다. 운영수익보다는 단순개발 및 분양이익이 너무도 익숙하고 편하다.

노인복지주택은 민간 사업자가 주택을 지으면 입소자가 주거비 외에 고액의 복지 서비스 비용을 직접 부담하는 구조다. 정부 보조를 최소화하고 민간이 자체적으로 노후복지를 해결토록 한 것이다. 그러나 관리와 제도상의 허점을 이용한 업체들의 편법적 부동산 개발사업으로 왜곡되어 입주민은 재산상의 불이익을 당하고 있고, 건설사는 이들에 대한 서비스 프로그램 등의 약속을 이행하지 않으면서 건축법상 혜택에 따른 이익은 독점하고 있다.

노인복지주택(속칭 실버타운)은 노인에게 주거시설을 분양 또는 임대하여 주거의 편의 · 생활지도 · 상담 및 안전관리 등 일상생활에 필요한 편의를 제공하도록 되어 있지만 실제 운영은 일반 아파트와 별반 차이가 없다. 분양 당시 건설업체들이 약속한 입주 노인들의 건강관리 및 여가활동 지원도 제대로 이뤄지지 않고 있다. 민간 건설업체가 노인복지주택을 분양한 후 전혀 관리를 하지 않는 것이다.

게다가 분양받아 입주한 주민들은 노인복지주택이 '준주택'으로 분류되어 매매나 재임대 때 어려움을 겪거나 손해를 볼 수밖에 없는 현실이다. 관련 제도도 미비하다. 노인복지주택은 '사회복지시설'로 건축법상 '노유자 시설'로 규정되어 규제를 덜 받으며 '그린벨트 내 건설 허용', '분양가 상한제 미적용' 등의 혜택이 제공되지만 이는 모두 건설 사업자의 이익으로만 돌아간다.

책임 부처도 명확하지 않다. 현재 노인복지주택은 사회복지시설로 보건복지부에서 관리하고 있지만 건설 부분은 국토교통부의 소관이다. 책임부처가 양분되다 보니 시설 관리 · 감독도 미흡할 수밖에 없다. 지자체와 보건복지부, 국토교통부가 서로 책임을 미루는 꼴이다.

이러한 문제점 때문에 정부에서는 2015년 7월 29일을 기점으로 노인복지주택의 분양을 금지하고 임대만 가능하도록 법안을 개정하였다. 그러나 지금도 일부 지역에서 법개정 이전에 사업승인을 받은 건에 대해 분양이 강행되고 있기에 소비자는 조심해야 한다.

임대형 실버타운 또한 적지 않은 입주보증금과 이용료 때문에 극소수 부유층을 위한 고급 실버타운만 살아남았고 중소형 실버타운은 문을 닫거나 요양시설로 전환되고 있다. 여전히 시니어를 위한 비즈니스는 없고, 노인을 위한 노인복지주택도 없다.

3

잊힌 단어 '공동체'

시니어공동체주거, 지금은 공동체를 강조하지만 나도 처음에는 셰어하우스 같은 공유주택의 경제적 효용성에 중점을 두고 접근을 했었다. 시간이 갈수록 소득은 줄어드는 상황에서 길어진 노년의 삶에 대비하여 스스로 주거안정을 꾀하여야 하는 서민 중산층 중장년 가구들이 마음을 모으면, 보다 더 좋은 주거환경에서 주거비와 생활비도 줄일 수 있을 것이라는 단순한 생각이었다.

그러나 가까운 관계일수록 계산은 분명해야 하고 사적인 이익추구가 당연시되는 우리 사회에서 개별 가구가 주거라는 중요한 경제사회적 통합을 이루는 것은 쉬운 문제가 아니다. 이 문제에 대해 오랜 시간 고민을 하였다. 그 결과 경제적 통합에 앞서 참가자들이 함께 공유해야 하는 중요한 가치를 찾고 마음을 모으는 과정이 선행되어야 함을 자연스럽게 알게 되었다. 그것은 결국 '공동체'의 문제이다.

그런데 문제는 "우리는 이미 '공동체'에 대한 느낌을 잃어버렸다"는 것이다. '공동체'란 "관념적으로 좋기는 한 것 같은데, 이룰 수는 없는 것"이라고 많은 사람들은 생각하고 있다.

반면에 소수이긴 하지만 이미 '공동체'를 경험한 사람도 여럿 만날 기회가 있었다. 주로 공동육아, 마을공동체, 협동조합 등의 분야에서 활동했던 사람들. 이들에게서 공통적으로 발견한 것은 상처다. 기대와 열의를 가지고 참여했던 공동체에서 권력에 의한 서열화, 소외와 배제를 경험하며, 갈등을 겪고 싸우다 지쳐 떨어져 나왔던 아픔을 가진 사람들.

결국은 공동체를 경험하지 않은 사람들은 물론, 경험했던 사람들조차도 주거공동체에 대해 "이상적이긴 하지만 실현은 어려운 것"이라고 이야기를 한다. 반면에 나는 "어렵겠지만 불가능하지 않으며, 초기 고비를 넘고 경험을 축적하면 빠르게 확산될 수 있다"라는 믿음으로 국내외 사례를 조사하였다.

의외로 다양한 사례들을 발견할 수 있었다. 국내에서도 주로 청년들의 이야기이긴 하지만 우동사*, 빈집**, 모두들*** 같은 다

* 우동사(우리동네 사람들) http://www.incheonmaeul.org/b/magazine/753
정토회에서 활동하던 여섯 명의 청년들이 시작한 주거공동체. 인천 서구 검암동 일대에 청년들이 모여 살면서 '주거'와 '경제' 문제를 함께 고민하며 새로운 삶의 방식을 모색하고 있다.

양한 주거공동체 및 주거협동조합을 찾을 수 있었다. 우동사에 대해 알고 있는 사람들은 이야기한다. "우동사는 정토회 출신이라는 특수성 때문에 가능했던 것이다"라고.

맞다. 나는 이 주장을 부정하지 않는다. 다만 내가 다르게 생각하는 것은… 사람들은 정토회 자체를 이야기하지만 나는 우동사의 탄생과 운영에서 '정토회의 역할'에 주목한다.

많은 공동체 갈등의 주요한 원인 중 하나는 가치지향이 뚜렷하지 않거나, 공동체의 가치를 공유하지 않는 사람들을 구성원으로 받아들이는 것이다. 나는 공동체주거가 모두를 위한 대안이라고 생각하지 않는다. 내가 생각하는 공동체주거의 대상은 돈보다는 가치지향적 삶을 추구하며, 권위적이지 않고 수평적 사고가 가능하며, 공동체를 고려한 배려심과 책임감이 있는 사람이다.

** 해방촌 빈집/빈마을 http://binzib.net/xe/

이태원 해방촌 근처에 위치한 '게스츠하우스 빈집'. 아, '게스츠하우스'는 오타가 아닙니다! 여기에서는 누구나 주인이기도, 손님이기도 하다는 의미로 'Guests' House'라고 한다. 우리가 보통 알고 있던 집이나 게스트하우스의 개념이 해당 부동산을 '소유'하는 것에 중점을 둔다면, '게스츠하우스 빈집'의 경우에는 기존의 개념을 탈피하고, 구성원 모두가 '소유'의 책임과 거주자로서의 권리를 균등하게 분담함으로써 새로운 형태의 공동체를 형성하였다.

*** 청년주거협동조합 모두들 http://www.salimstory.net/renewal/sub/view.php?post_id=1227

경기 부천시 소사구 소사본동에 있는 두더지하우스는 청년주거협동조합인 '모두들협동조합'이 운영하는 임대주택이다. 지역에서 학교나 직장에 다니는 청년들의 생활공동체다. '모두들'이라는 이름은 '모여라 두더지들'의 약자다. '자기만의 굴 속에 틀어박혀 자신을 둘러싼 어려움에 괴로워하는 두더지의 모습이 오늘날 청년들과 닮았다'는 의미에서 두더지라는 이름을 사용했다.

내가 만난 우동사 식구들은 나이를 떠나 인간적 성숙도가 높은 사람들이다. 이제 많이 성장하고 외연을 확장한 우동사는 정토회 청년들의 종교적 공동체라기보다는 중요한 삶의 가치를 공유하는 청년들의 생활공동체라고 보아야 할 것이다.

인생의 풍부한 경험과 연륜을 지닌 성숙한 시니어들이 서로 소통하며 관계를 맺고 공통의 가치지향을 뚜렷이 하고 그 가치를 지켜나갈 때, 우동사 못지않은 멋진 시니어 주거공동체가 충분히 가능하다고 확신한다.

공동체주거에 대해 관심을 가진 사람들과 이야기를 나누다 보면, 공동체주거의 장점과 효과에 대해서는 많은 공감을 한다. 그러나 공동체주거의 핵심인 공동체의 개념에 대해서는 사람마다 다양한 견해와 차이가 존재함을 느끼게 된다. 그래서 공동체주거를 추진함에 있어 입주 희망자들이 충분한 시간을 가지고 대화와 토론을 통해 공동체 형성과정을 거치는 것이 반드시 필요하다.

제일 먼저 시작해야 할 것은 주거공동체에 대한 각자의 기대와 우려를 확인하는 것이다. 주거공동체에 대해 최근 미디어를 통해 표현되는 키워드는 다음과 같다.

- 독립적이지만 고립되지 않은
- 사회적 가족(social family)
- 협력적 주거(co-living)

- 의식주가 아닌 연식주(緣食宙)
- 프레밀리(friend + family)
- 따로 또 같이

이 키워드들이 공통적으로 내포하는 것은 공동체의 장점은 물론 좋지만 나의 독립적인 삶 또한 중요하고 보호받고 싶어한다는 것이다. 즉, '느슨한 공동체'를 원한다는 것이다.

또 한 가지 중요한 것은 한국사회에서 '공동체'의 의미가 이중적인 면을 지니고 있다는 것이다. 사람들은 '공동체'란 말을 들을 때, 장점만 생각하는 것이 아니라 자유에 대한 구속과 이념적 거부감과 같은 부정적 이미지가 작용한다.

따라서 공동체주거 확산을 위해서는 이러한 공동체에 대한 부정적 이미지를 불식시키고 느슨한 관계로서의 공동체주거의 현실적인 모습을 가시화함으로써 충분히 선택 가능한 삶의 형태로 일반 사람들에게 인식시킬 필요가 있다. 그런 의미에서 최근 들어 공공부문에서 공동체주택에 관심을 가지고 개념을 정리하는 시도는 매우 바람직한 변화라고 할 수 있다.

서울시 홈페이지에 나와 있는 공동체주택의 정의는 다음과 같다.

> 공동체주택이란 획일화된 아파트에서는 불가능한 나만의

> 취향이 담기고 이웃과 함께 하는 집, 같이 만들고 함께 누리는 주택, '삶을 공유'하는 맞춤형 주택입니다. 공동체주택은 공동의 목적을 가진 사람들이 함께 거주하여 물건, 공간, 함께 사는 사람들의 시간도 '공유' 하며 삶의 질을 높이는 주택입니다.
> (http://citybuild.seoul.go.kr/communityhousing)

또한 SH공사는 공동체주택에 대한 정의를 '공통 목적을 가진 시민들 스스로 주택을 계획하고 거주하고 공유하며 함께 사회문제를 해결할 수 있도록 지원하는 주거모델'로 설명했다.

그렇다. '공동체', 그것은 결국 우리의 욕망과 함께 사라졌던 골목길과 그 안의 사람들을 다시 기억해내는 것이다. 그리고 비록 돈은 없어도 행복했던 삶과 이웃들과의 관계를 되살리는 것이다.

이제야 우리는 깨닫게 되었다. 문제는 돈이 아니라는 것을. 물론 의식주 전반에서 우리의 삶에 어느 정도의 돈이 필요하지만 그 외의 것에서 돈으로 해결되는 일은 거의 없다.

> 하버드대학은 1938년부터 미국 남성 724명의 삶을 해마다 추적해 직업과 가정생활, 건강 상태를 데이터화했다. 무엇이 건강하고 행복한 삶에 이르게 하는지 연구하기 위해서였다. 그 결과 연구진은 한 가지 사실을 확인했다. 행복은 부나 명예를 통해 얻어지는 것이 아니라 좋은 관계를 통해 얻어진다는 사

실. 가족, 친구, 공동체와의 사회적 관계가 건강과 직결되며, 친구의 수보다 관계의 질이 중요하다는 것을 밝혀내었다.
(http://1boon.kakao.com/ttimes/ttimes_1605311806)

그러나 지난 시간 덧없는 부와 명예를 구하고자 얼마나 많은 관계를 소홀히 해왔던가…. 결과적으로 돈도 사람도 다 잃어버리지는 않았는가?

공동체, 그것은 절대 돈으로 살 수 없는 것이다.

4

왜 공동체주택에 대한 관심이 늘어나고 있는가?

2015년 서울연구원이 발표한 자료에 따르면 서울 베이비붐 세대(1955~1963년 출생)의 평균 자산은 5억 1000만 원인 것으로 나타났다. 그중 주거부동산이 3억 8100만 원으로 74.1%를 차지했다. 투자부동산(4600만 원, 8.9%)까지 합하면 부동산 관련 자산이 83%에 이르는 것으로 파악됐다.

한 마디로 가진 것이 '집'밖에 없는 셈이다. 이들에게 집값이 떨어진다는 것은 바로 불안한 노후를 의미한다. 장년세대가 이같이 노후를 대비한 최후의 보루로 여기는 집값에 연연하는 사이, 정부는 자연스럽게 서민의 주거안정보다는 부동산 경기부양을 택했다. 각종 규제를 완화하고 빚을 권하고 심지어는 막대한 재정까지 투입하면서 집값을 떠받치는 실정이다. 이 와중에 집 없는 서민들의 고통은 더욱 심해지고 있다.

특히 청년들은 주거난민이라고 할 정도로 주거빈곤에 시달리고 있다. 집을 살 능력도 없고 월세도 부담스러운 주거취약계층이다. 청년 주거권 보장을 위해 활동하는 민달팽이유니온 임경지 위원장은 "지금의 청년 세대는 평생 불안한 주거 형태로 살아야 하는 세대"라고 이야기한다. 고시원의 평당 임차료는 타워팰리스의 임차료보다 비싸고, 관리비 또한 아파트보다 비싸다. 하지만 20대의 공공임대주택 입주율은 1.2%로 낮고, 서울의 평범한 청년은 75.8년이 걸려서야 주택을 살 수 있다고 한다.

이런 상황에서 우주(WOOZOO)와 같은 셰어하우스가 월세는 비슷하지만 높은 주거품질과 젊은 세대를 위한 콘텐츠를 무기로 청년들의 많은 관심을 받으면서 사회적인 관심이 확산되었다. 민달팽이는 청년들 스스로 주거권 확보를 위한 사회운동 차원에서 연대를 시도하였다. 또한 사회적기업 ㈜두꺼비하우징은 도시재생 차원에서 빈집을 활용한 셰어하우스 공급사업으로 공가(共家) 프로젝트를 진행하고 있다.

장년들의 경우는 장기 저성장 시대를 맞이하고 있다는 것이 공동체주택에 대한 관심을 가지게 된 가장 큰 배경이라고 할 수 있다. 지금까지 집은 대표적인 자산증식의 수단으로 인식되어 왔다. 그러나 더 이상 집으로 돈 벌 기대를 하기 힘든 지금, 사람들은 건축업자에 의해 획일적으로 제공된 공간과 이웃과 소통이 단절된 주거환경에 대해 회의를 품게 되었다. 특히 장노년

세대의 경우 상당수가 1~2인 가구를 형성하고 있는데, 시간이 갈수록 주거비에 대한 부담이 커지고 노후에 사회적 고립상태가 될 것에 대한 염려가 매우 크다.

그러던 차에 마포 성미산마을에서 시작한 공동체주택 소행주(소통이 있어 행복한 주택)가 성공적으로 자리를 잡고 확산되는 것을 보면서 "우리도 한번 해볼까"라고 생각하는 사람들이 점점 늘어나고 있다. 최근에는 하우징쿱주택협동조합과 같은 주택협동조합운동도 시도되고 있고, 정부공공에서도 사회주택에 대한 관심과 정책 추진에 많은 노력을 기울이고 있다.

공동체주택은 내 공간은 실용적으로, 함께하는 공간은 합리적으로 구성하여 주거비용의 절감이 가능하다. 뿐만 아니라 아파트와 같이 한 공간 안에서도 서로 담을 쌓고 사는 단절된 관계가 아니라, 이웃들과 주거공동체로 사회적 가족을 이룸으로써 마음먹기에 따라 이웃과 함께 하는 다양한 활동을 도모할 수 있다. 결과적으로 행복하고 건강한 주거공간으로서 공동체주택에 대한 기대가 커지고 있다.

다만 유의할 것은 함께 산다는 것이 생각처럼 그리 쉽지는 않다는 것이다. 장점만 있는 것이 아니라 지켜야 할 규칙이 있고 다소의 불편함과 책임도 따른다. '공동체'에 대한 올바른 이해와 노력이 없으면 매우 힘든 것이 공동체주택이다.

더함플러스협동조합은 서민 중산층 중장년 세대를 위한 함께 살이와 마을살이의 즐거움을 찾아주는 다양한 공동체주거 모델을 개발하여, 특별한 사람들이 아닌 보통 사람들이 선택 가능한 주거 대안으로써 공동체주거의 확산을 도모하고 있다.

최근 들어 사회주택, 도시재생 등 주거 관련 이슈들이 사회적 경제 영역의 큰 관심대상으로 떠오르고 있다. 신자유주의 경제의 거품이 꺼지면서 마을을 파괴하고 원주민을 쫓아내는 과거의 밀어붙이기식 부동산 개발 사업에서 벗어난 것은 다행이다. 그러나 현재 진행되는 모습을 보면 너무 관주도 형태로 추진되는 것은 아닌가 하는 염려가 된다. 관의 특성상 하드웨어(주택의 공급)만 신경 쓰고 소프트웨어(주민참여 및 공동체형성)를 외면한다면 또 하나의 토건사업이 되어 일부 지주와 건물주만 혜택을 보는 의도치 않은 외부효과만 불러일으키기 때문이다. 또한 기본적으로 공공자금에 의존하다 보니 절대적으로 공급이 부족하고, 복잡한 이해관계로 인하여 사업추진이 더딜 수밖에 없다.

우리나라는 세계에서 제일 빠르게 고령화가 진행되고 있으며, OECD 최고의 노인빈곤율(48.6%)을 자랑(?)하고 있다. 노후 주거문제는 매우 중요한 사회적 이슈로 허약한 사회안전망과 공공복지로부터 소외된 다수의 서민 중산층을 위한 민간주도의 대안적 노력이 절실히 필요한 상황이다.

더함플러스의 시니어공동체주거는 소비자 중심의 주거공유사업이다. 이 같은 사업도 우버나 에어비앤비 사례에서 지적했듯이 자본이 주도하여 플랫폼을 독점할 경우 주체인 다수의 소비자는 소외되고 기존의 사업 생태계를 파괴하며, 그 가치를 사업자가 독식하는 왜곡된 구조로 발전할 위험을 배제할 수 없다. 그리고 여전히 집은 개인에게 가장 큰 자산이며 욕망의 대상이다.

그러한 위험을 배제할 수 있는 효과적 방법이 바로 협동조합형 공유주택이다. 이는 조합원이 거주권을 가진 '우리'의 집을 의미한다. 개인적 소유가 아니기에 개인의 자산소득 기대심리를 원천적으로 차단하고 집의 본질적 주거기능에 관심을 가지게 된다. 또한 협동조합이라는 법인격을 통해 조합원이 공동으로 소유하고 관리함에 따라 조합원의 출자금을 안전하게 보호하고 지속가능성을 확보할 수 있다.

우리가 이 사업을 협동조합방식으로 추진하는 이유는 민간의 자본으로 민간이 주도하여 지속가능한 노후 주거 기반을 구축하여 조합원 스스로의 경제사회적 필요를 충족시키고자 하는 것이다.

5

시니어 공동체주거 국내외 사례

인기 예능프로그램 중에 〈나 혼자 산다〉라는 프로그램이 있다. 사실 그 방송을 제대로 보지는 못해서 자세한 내용은 잘 모른다. 하지만 방송이 인기를 얻고 있는 그 이면에는 오락적인 요소도 있겠지만, 혼자 사는 삶에 대해 공감하는 1인 가구가 많아진 것도 커다란 이유 중의 하나일 것이다. 그러나 우리의 관심은 공동체주거, 혼자가 아닌 함께 사는 삶을 지향한다. 그러면 공동체주거를 원하는 사람은 혼자 안 사는 것인가? 아니면 혼자 못 사는 걸까?

여기서 '안 사는' 것과 '못 사는' 것은 커다란 차이가 있다. 타인과 건강한 관계를 맺기 위해 필요한 것은 고독력을 키우는 것이다. 자존감과 자기수용이 필요하고 독립적이어야 한다. 공동체주거 또한 타인에게 지나치게 의존적이거나 부담을 주는 존재가 되어서는 곤란하다. 즉, 혼자서도 충분히 잘 살 수 있지만 더 나은 삶을 위해 혼자 안 사는 사람이 되어야 한다.

여기에서는 국내외 공동체주거의 사례를 소개하려고 한다. 모든 사례는 순수한 민간자치 공동체주거 사례만 소개를 하였다. 왜냐하면 우리의 관심사 또한 공공의 지원이나 사업자가 공급하는 공동체주거가 아닌 소비자 주도의 자치 공동체주택이기 때문이다.

먼저 우리보다 앞서 고령화가 진행된 선진국의 은퇴자 주거시설에 대해 알아볼 필요가 있다.

선진국의 경우 공공 노인복지시설부터 자립형 코하우징주택, 부유층을 위한 고가의 실버타운과 어시스티드리빙까지 다양한 종류의 은퇴자, 고령자용 주택이 존재한다. 그러나 우리나라의 경우 고가의 실버타운은 극소수 부유층의 이야기이고 공공복지주택 또한 취약계층 중에서도 운이 좋아야 혜택을 볼 수 있기 때문에, 절대다수 서민 중산층 들은 노후의 주거문제를 오롯이 스스로 해결해야만 하는 상황이다.

하지만 대부분 서민중산층들의 노후준비 상태가 충분하지 못하고 중산층이 급속히 붕괴되는 현실에서 과연 어떠한 대안이 있을까? 나는 이러한 문제인식을 가지고 '소그룹 공동체에 의한 협력적주거'라는 시니어공동체주거 개념을 생각하게 되었다.

내가 생각하는 시니어 공동체주거의 원형은 바로 코하우징

(co-housing)이다.

"코하우징은 현대인의 생활양식에 적합한 근린(Aging in place)의 개념을 재정의하는 새로운 주거 유형이다. 주민의 사생활 보호와 공동 생활 이익 추구를 혼합한 것이다. 코하우징은 장소와 이웃에 대한 공동체 의식을 재창조하기 위한 현대적인 모델이다. 너무나 친밀하여 압박감을 느꼈던 종래의 공동체 환경을 개선하여 현대인의 사생활 보호 요구를 반영한 공동체 주거 방식이다." ('스칸디나비아의 시니어 코하우징', 어문학사)

시니어 코하우징은 1970년대 덴마크에서 시작되어 스웨덴, 핀란드 등 스칸디나비아 지역에서 노후주거의 대안으로 확고히 자리를 잡았으며 미국, 일본, 유럽 등 선진국으로 널리 확산되었다.

이들 선진국들은 훌륭한 노인복지시설 및 다양한 노후주거의 형태가 존재한다. 우리는 그럼에도 불구하고 이들 선진국에서 중장년을 중심으로 한 자발적 시니어 코하우징 주택이 확산되는 이유에 주목할 필요가 있다. 여러 가지 이유가 있겠지만 가장 중요한 것은 "시설이 아무리 좋아도 그곳은 내 집이 아니며, 어떤 형태든 그곳에서는 내 자유의지가 구속된다는 것"이다. 이러한 배경에서 노년에 시설입주를 원치 않는 건강한 중장년들이 공동체를 이루어 협력적 주거를 시작한 것이 시니어 코하우징이다.

위 책에 의하면 스칸디나비아에서의 수십 년간 시니어 코하우징의 경험을 통하여 코하우징에 대한 사용자들의 관심이 증가하였다는 것과 거기에 사는 사람들이 일반 주택에 사는 노후세대보다 덜 고독하고 덜 아프다는 것이 입증되었다고 한다.

이러한 시니어 코하우징을 한국적 상황에 맞게 모델을 만들어낼 수 있다면 우리에게도 활기찬 노후를 살아갈 수 있는 새로운 주거대안이 될 수 있을 것이다.

그러한 차원에서 도움이 될 만한 국내외 공동체주거 사례를 소개하고자 한다. 여기서 소개되는 사례는 모두 국가나 공공의 도움 없이 진행된 시민사회 조직 주도의 자치주택 사례들이다.

우리에게는 지금 가족이 있다 | 해외사례 |

이 이야기는 독일 함부르크에 사는 70~84세의 독거 어르신(여성 3명, 남성 2명)들에 관한 이야기이다. 그들은 살던 집을 떠나 공동체주거(어떠한 서비스 제공 사업자나 돌봄종사자가 없는)라는 미지의 세계로 들어갔다. 그들은 자유의지대로 생활할 수 없는 양로원을 원치 않았지만, 각종 돌봄 서비스가 포함된 어시스티드 리빙을 이용할 만한 경제적 여유도 없었다.

그러던 차에 50대 중반의 여성사회복지사 카린의 제안에 따라 공동체주거에 관심을 가지게 되었다. 카린은 노인을 위한 주

거형태에 대해 공부하며, 노인들이 주거공동체에 거주할 때 덜 공격적이고 더 만족한다는 것을 알게 되었다.

2010년에 처음 카린의 제안을 받은 이후 이들 다섯 명은 함께 활동을 시작했다. 수차례의 여행을 통해 서로를 알고 친해진 후, 이들은 직접 함께 살 아파트를 구해 2012년에 이사를 했다.

각 거주자는 14~40m^2 크기의 방에서 생활한다. 방에는 TV와 이전 집에서 살던 모습의 사진이 담긴 액자가 벽에 걸려 있다. 그들은 두 개의 화장실과 거실 그리고 주방을 공유한다. 현대식 주방에는 맑은 날 하루 종일 해가 잘 드는 커다란 발코니가 있고, 다섯 명의 입주자들이 다시 대화하는 법을 배우게 하는 커다란 테이블과 의자가 있다.

이들이 사는 아파트(셰어하우스)에는 커다란 샤워 시설이 있고, 아침 식사 후 매일 여성 가사도우미가 와서 세 시간 동안 청소와 세탁을 한다. 또 다른 돌봄종사자는 저녁에 도착하여 집에서 밤을 지낸다. 각 입주자들 방에는 침대 머리맡에 비상버튼이 있다. 입주자들은 각각 장기요양보험에서 포함되지 않은 추가 서비스를 위해 1,000유로를, 가사도우미 서비스를 위해 200유로를 매월 부담한다. 그들은 한 달에 총 2,200유로의 임대료를 그들이 사용하는 방의 크기에 따라 분담한다. 그들은 또한 처음에 그들을 이곳에 데리고 온 카린의 교통비를 지급한다. 카린은 거의 매일 와서 어르신들을 쇼핑센터, 약국 또는 병원으로 데리고 간다.

1년 사이에 이곳 사람들은 변화했다. 이들 중 한 커플은 서로 사랑을 하게 되었고, 활달하고 농담도 잘하게 되었으며, 과거의 집착과 두려움에서 벗어나 서로를 도우며 삶을 즐기게 되었다. 이들은 말한다. "우리에겐 지금 가족이 있다"라고.

《슈피겔》에 이 글을 기고한 바바라 하딩하우스(barbara hardinghaus)는 "나는 노년에 연애감정 또는 행복은 없다고 생각했었다. 그러나 이 어르신들은 나에게 그것은 나이와 전혀 관계없음을 보여주었다"라고 말했다.

『마흔 이후, 누구와 살 것인가』는 공동체주거의 다양한 이슈와 현실적 대안을 잘 설명하고 있어 많은 도움이 되었고, 무척 공감하면서 읽었던 책이다. 본문 내용 중 가장 인상적이었던 문장을 소개한다.

인간은 영역의 동물이다. 자원, 통제권을 공유하는 것은 인간의 본성에 대한 커다란 도전이다. 하지만 우리는 의식적인 노력, 선한 의지, 자기 절제에 의지해 평화롭게 공존할 수 있다. 다음 모토는 도움이 된다. '나의 집일뿐만 아니라 우리의 집이다.'

협동주택의 성공은 바람직하고 굳건한 경계를 유지하는 데 달려 있다. 건강한 경계를 유지함으로써 우리는 서로를 존중할 수 있다. 남을 도와주고 있다고 본인은 생각하지만 실제로는 남을 망치고 있는 사람은 필요치 않다.

『눈부시게 아름다운 노후』는 독일에서 은퇴 뒤 주거공동체를 꾸려가는 전 브레멘 시장 헤닝 셰르프가 쓴 책이다. 헤닝 셰르프의 자녀들은 퇴직한 부모가 시니어 코하우징에 들어가 대안적인 삶을 살 계획이라는 이야기를 듣고, 부모를 "포스트 사춘기적인 낭만주의자들"이라며 놀렸다고 한다. 헤닝 셰르프는 공동체주거에 대해 다음과 같이 이야기하였다.

어떤 주거환경에서 노후를 보낼 것인가 하는 문제를 반드시 전문가에게 맡길 필요는 없다. 중요한 것은 함께하는 삶의 형태를 신뢰하고 과거에 한 번쯤 다른 사람과 살아본 경험이 있는 사람들을 찾는 것이다.

· 독거노인 공동거주제

독거노인 공동거주제는 혼자 사는 노인 5~10명이 한 장소에서 숙식을 함께하고 낮엔 텃밭 가꾸기 등 소일하는 것을 말한다. 2007년 의령군에서 시작돼 효과가 검증되면서 전국으로 확대되고 있다.

독거노인 공동거주제는 위기대처능력이 부족한 독거노인을 공동생활을 통해 불의의 사고시 신속한 대처가 가능하다는 점에서 시작한 것으로, 외롭게 홀로 생활하는 노인들에게 편안하고 안정된 공동생활여건을 마련해줌으로써 외로움을 해소하고 생활비 부담을 줄여주는 취지이다.

빈집이나 야간에 사용하지 않는 경로당, 마을회관을 공동거주지로 지정하고 공동거주시설과 함께 식사 배달, 방문 보건 등 서비스를 제공하고 불의의 사고에 대비하기 위해 경찰서, 소방서 등 관내 관계기관도 연계하였다. 시설은 5~10명 정도를 수용할 수 있는 곳이며 교통이 불편한 오지나 행정관서와 의료시설이 먼 지역이 선정 기준에 해당된다. 개소 당 5~10명이 생활 중으로 해당 지자체는 시설운영비뿐만 아니라 비품 지원, 시설 기능 보강, 화재보험 가입 등을 지원한다.

공동거주시설 운영은 마을이장, 경로당 회장의 협조 등 마을

별로 자체적으로 관리하고 공과금, 겨울철 난방비, 부식비등 운영에 필요한 경비는 월 30만 원을 지원하며, 공동거주기반 구축비로는 빈집 새 단장, 경로당 개보수사업과 함께 돌봄, 방문보건, 식사배달서비스도 함께 제공 중이다.

독거노인 공동거주제는 어르신들의 만족도도 높고 성공적인 사업으로 평가받고 있다. 이 사업의 성공 요인은 크게 두 가지로 설명할 수 있다. 첫 번째, 도시와 달리 농촌지역에는 경로당, 마을회관과 같이 개인이 부담하지 않고도 활용할 수 있는 공유자원이 있다는 것이다. 두 번째는 이미 공동체를 이루어 지내는 지역의 어르신들을 대상으로 지역사회와 행정이 효과적으로 개입했다는 것이다.

따라서 공동체주거 시설로 활용할 수 있는 마땅한 공용공간도 없고 공동체 형성이 이루어지지 않은 도시지역의 어르신들에게는 적용하기가 어렵다.

· 룸셰어링(서울시 주거공유정책「한지붕 세대공감」)

반면에 룸셰어링은 도시에 거주하는 60세 이상 노인이 여유 주거공간을 대학생에게 제공하고 함께 거주하는 주거공유사업이다. 서울시가 2014년 홀몸노인의 고립감을 해소하고 대학생에게 주변보다 임차료가 싼 주거공간을 제공하기 위해 시행한 사업이다. 노인은 임대료와 생활서비스를 받고 대학생은 시세

보다 싼 비용으로 주거공간을 마련할 수 있는 장점이 있다. 하지만 홍보가 잘 되지 않은 데다 낯선 학생과의 동거를 꺼리는 노인층이 많아 성과는 미흡한 실정이다. 학생들 또한 같이 사는 어르신의 지나친 간섭에 대한 반감과 소득증빙서류 제출에 대한 행정적 불편 등으로 꺼리는 것으로 나타났다.

룸셰어링 사업의 핵심은 어르신과 청년의 매칭이다. 각 당사자의 성향이나 욕구를 세심하게 파악하여 잘 어울릴 만한 상대방을 소개하는 것이 중요하다. 그러나 그리 크지 않은 경제적 인센티브만을 내세워 관주도로 사업을 추진하는 데는 한계가 있다고 생각한다.

지금처럼 각 자치구 별로 지자체에서 직접 사업을 추진하기보다는 광역단위로 보다 세심하게 접근할 수 있는 주거복지 관련 비영리기관이나 사회적기업에 위탁 운영을 한다면 더 좋은 성과가 있을 것이라 생각한다.

· 공공 노인복지 공동체주택 : 의료안심주택과 보린주택

지금까지 공공임대주택은 저소득층의 위한 싼값의 주택공급이라는 하드웨어 측면만 강조되었다. 그 결과 많은 재정이 투입됨에도 불구하고 그 수혜는 매우 제한적이며, 사회계층간 분리현상으로 사회통합을 저해하고, 입주자들의 관계와 생활 등 소프트웨어적 이슈에 대한 무관심으로 임대아파트 지역의 자살율

중랑구 신내의료안심주택

이 가장 높을 정도로 입주자의 삶의 질이 문제가 되고 있다.

이러한 과거 공동임대주택의 문제점을 해결하고자 최근에는 공공임대형 공동체주택이 등장하고 있다.

의료안심주택은 서울시의 '임대주택 8만 호 공급' 사업의 하나로, 공공보건 · 의료서비스 기능을 공공임대주택에 접목해 의료취약계층이 보건, 복지, 의료서비스를 손쉽게 제공 받을 수 있도록 적용한 수요자 맞춤형 공공임대주택이다.

중랑구 '신내 의료안심주택'은 서울의료원에서 길 하나만 건너면 닿는 가까운 거리에 있어 입주민들이 병원 가까이 살면서 의료서비스를 받을 수 있을 뿐만 아니라, 인근 병원, 자치구, SH공사가 공공인프라가 되어서 건강, 복지, 주거를 전폭 지원하게 된다.

금천구 보린주택

금천구 보린주택은 독거노인들이 서로를 돌보며 마을공동체를 형성하는 전국 최초 독거노인 전용 공공원룸주택이다. 금천구는 현재 보린주택 4개동을 건립해 운영하고 있다.

공공부문의 이러한 변화는 매우 긍정적이다. 그러나 아쉽게도 그 수요에 비해 공급이 절대적으로 부족하기 때문에, 보통의 서민중산층이 선택할 만한 대안이 되지 못한다.

· 소행주(소통이 있어 행복한 주택)

'소행주'는 한국의 대표적인 코하우징 주택이다. 코하우징은 단순한 공동거주를 넘어 입주자들이 부지매입부터 건축설계까지의 과정을 함께한다. 그래서 지어진 집에 입주민이 일방적으

소행주

로 입주하는 방식이 아니라 자신의 공간을 스스로 설계할 수 있다. 스스로의 생활패턴에 맞춰 집의 크기나 방의 구조 등을 짤 수 있는 여지가 있는 셈이다.

입주자들이 함께 사용하는 공유공간도 있다. 아이들 놀이방이나 손님방, 세탁실, 창고, 정원 등 다양한 공유공간을 만들어 공동체 생활의 즐거움도 누리는 것이다. 물론 이 공유공간으로 인해 코하우징이 다른 주택들보다 경제적으로 혜택을 얻을 수 있다. 각 세대마다 중복되는 공간을 함께 나누는 공유공간으로 만들기 때문이다.

소행주는 성미산 마을 공동체에서 시작되었다. 공동육아를 위해 사람들이 성미산 마을로 모여들었고, 조금씩 이 동네에 애

착을 가지면서 함께 살 수 있는 방법을 모색한 것이다. 2011년 서울 마포구 성산동에 소행주 1호가 지어진 이래 현재까지 10여 호가 완공 또는 진행되고 있다.

소행주의 이야기는 '우리는 다른 집에 산다'라는 제목의 책으로 출판되기도 하였다.

· 구름정원사람들

서울 은평구 장미공원에서 출발해 진관생태다리까지 이어지는 북한산 둘레길 8코스를 구름정원길이라고 부른다. 구름정원길 불광사 산길과 마을이 맞닿는 곳에 '구름정원사람들'이라는 이름의 지하 1층, 지상 4층짜리 집이 있다. 이 집은 주택협동조합 하우징쿱주택협동조합이 건축과정을 주도하고 조합원 8가구가 모여 함께 지은 주택이다. 평균 연령 50대 중반의 건축주들은 나이듦을 고민하며 함께 은퇴를 대비하자는 뜻으로 공유주택을 지었다.

나는 구름정원사람들이 두 가지 측면에서 의미가 있는 집이라고 생각한다. 첫 번째, '협동조합(형)주택'이라는 것이다. 주택협동조합이란 주택소비자들이 공동으로 소유하고 민주적으로 운영하며, 조합원들을 위한 주택공급과 관리사업을 하는 법인체를 말한다. 그리고 주택협동조합에 의해 설립된 주택을 협동조합주택이라고 한다.

구름정원사람들

하지만 여전히 주택에 대한 소유 욕구가 강하고 실정법 체계 자체가 협동조합주택의 존립이 쉽지 않은 사회구조 때문에, 구름정원사람들 또한 주택협동조합의 정신을 가지고 시작하였지만 결과적으로 세대별 개인소유로 소유권등기가 되었다. 그러나 개인의 사적 소유를 넘어 함께 사는 공동체의 개념을 가지고 주거문제를 소비자 주도로 해결하고자 한 것은 지금까지 집을 투자의 대상으로만 여겨왔던 우리의 집에 대한 인식에 변화의 전기를 마련했다는 것에 커다란 의미를 부여할 수 있다.

다음으로는 국내 최초의 '시니어 공동체주택'이라는 것이다. 소행주가 공동육아로 모인 30~40대 중심의 공동체주택이라면,

구름정원사람들은 50대들이 주축이 되어 노후의 삶에 대해 고민하며 지은 시니어 공동체주택인 것이다. 고령화로 인하여 노후의 삶에 대한 고민이 깊어진 장년세대에게 구름정원사람들은 의미있는 모델이 될 것이다.

구름정원사람들의 집짓기 이야기 또한 입주자 중 한 명인 홍세라 작가에 의해 '협동조합으로 집짓기'라는 제목으로 출간되었다.

· 일오집

부산의 대연동에 위치한 협동조합형 공유주택 일오집. 일오집이란 15집(14+1)을 말한다. 14세대의 주택과 하나의 커뮤니

일오집

티 하우스를 의미한다.

일오집은 서울의 소행주와 유사하게 대연동 발도로프 학교의 학부모 모임에서 시작되었다. 학부모모임에서 주거공동체에 대한 의견들이 모아져, 세대별 전용주거공간을 줄이고 공동생활과 아이들이 놀 수 있는 외부공간을 충분히 확보하고 열려 있는 공동체를 형성하고자 하는 목적을 가지고 시작하였다.

일오집 참가자들은 초기에 협동조합이 집을 소유하고 관리하는 주택협동조합 형태를 추구하였으나 결국 구름정원사람들과 마찬가지로 주택은 개인별로 소유하기로 하고 협동조합은 집을 시공 분양하는 코디네이터 역할을 맡는 것으로 정리하였다.

· 어쩌다집

'어쩌다집' 또한 매우 의미 있고 특별한 집이다. 이 집은 건축주 부부(건축가인 남편 이진오 소장과 북디자이너인 아내 신은경 대표)의 더불어 사는 꿈과 상상이 실현된 곳이다.

집은 복층 원룸 2개, 원룸 3개, 방 셋인 셰어하우스(주방, 거실, 욕실은 함께 쓰고 방은 따로 쓰는 형태) 1개가 모여 있다. 총 입주민은 8명. 건축주 부부 말곤 모두 혼자 산다. 직업은 한의사, 디자이너, 편집자, 건축가 등이고 나이는 31~47세다. 이들은 단순한 집주인과 세입자의 관계가 아니다. 이들은 다양한 방법으로 서로의 공간과 시간을 공유하며 어울려 살고 있다. 이들은 서로

어쩌다집

를 '어쩌다가족'이라 부른다.

더욱 특별한 것은 집을 지을 때 들어간 자금 소요내역을 공개하고 임대료를 서로 합의하였으며, 세입자에게 충분한 거주권을 보장하고 집주인에 의한 과다한 임대료 상승을 제어할 수 있는 장치를 마련하는 등의 그야말로 서로를 배려하고 민주적으로 운영하는 공동체주택의 모범을 보여주고 있다는 점이다.

신은경 대표를 만났을 때 들은 이야기 중 인상적이었던 내용을 소개한다. 어쩌다가족 중 한 분의 이야기다. 남성분으로 입주자 선정을 위해 처음 만났을 때, 그는 자신이 성격이 매우 까칠하고 공유주택에 살지만 다른 사람들과 어울리는 것을 별로 좋아하지 않으니 이해를 해달라며 특별히 강조했었다고 한다.

그랬던 그가…. 좀 지나고 나니 마치 영화 〈홍반장〉의 주인공처럼, 집안의 모든 일에 적극적으로 참여하고 사람들과도 매우 잘 어울리는 등 정반대의 모습으로 변했다는 것이다.

그 이야기를 들으며 역시 관계는 신뢰가 기반이 되어야 함을 다시 한 번 깨달았다. 이런저런 사람과의 관계로 인한 스트레스와 상처에 시달리는 현대인들이지만 어느 정도 서로를 알게 되고 가치지향이 맞고 신뢰할 만한 사람들과의 관계는 결코 돈으로 살 수 없는 소중한 것이다. 관계의 질이 문제이지 관계 자체가 문제는 아니다.

· 행고재

'행고재'는 세 집이 모여서 단독주택을 다가구주택으로 리모델링한 케이스다. 공동체주택 관점에서 행고재가 가지는 의미는 크다. 다세대주택과 같이 세대별 개별등기가 어려운 다가구주택의 소유권 문제에 대한 합리적인 대안을 제시했다는 것이다.

행고재 건축을 주도한 박준용 씨는 서류상으로 집 주인이고 나머지 두 집은 서류상으로 전세 세입자다. 하지만 전세 보증금을 따로 내진 않는다. 세입자 가족이 부담한 3억 원 중 2억 8000만 원을 전세 보증금 명목으로 서류상으로 기입했다. 나머지 2000만 원은 출자금인데 행고재에서 살다가 다른 곳으로 이사가게 되어도 돌려받지 못하는 금액이다. 이들 세 가족은 행고재

행고재

합의문을 만들고 내부적인 외형상 임대와 임차의 형식을 취하지만 각 세대가 실질적인 소유주 역할을 하도록 했다. 전세 보증금 인상도 없고 '전세 보증금 올릴 테니 나가라'는 명령도 없다. 거주 기간도 본인이 원하는 만큼 살 수 있다.

또 하나 중요한 것은 행고재의 주인공들은 전문 코디네이터의 도움 없이 당사자들이 직접 추진했다는 것이다. 물론 박준용 씨가 주도를 한 것은 사실이지만 커다란 돈이 들어가는 집짓기를, 그것도 소유권도 명확하지 않은 다가구주택으로 서로 믿고 합의를 이루어냈다는 것은 절대로 쉬운 일이 아니다. 게다가 출자금 명목의 2000만 원이라는 거금에 대해서 이사를 가도 돌려받지 않겠다는 환급포기 결의를 했다는 것은 정말 대단한 결정이다.

그런 면에서 행고재 사람들은 하고 싶은 이야기가 많은가 보다. 행고재 사람들은 그들의 집짓기와 삶에 대해 사람들과 나누기 위해 블로그를 운영하고 있다. 관심있는 분들께 방문을 권한다. 많은 정보와 도움을 구할 수 있을 것이다.

('행고재'_코하우징 프로젝트 http://blog.naver.com/shoes265)

· 강빛마을

전남 곡성군 죽곡면 태평리에 있는 강빛마을은 전국 최대 전원마을로 꼽힌다. 2013년 봄에 문을 연 이곳은 가구 수가 109가구로 전국 최초로 100가구가 넘는 규모다. 전형적인 배산임수(背山臨水)형 지세로 풍광이 아름다운 청정지역이다.

강빛마을은 고현석 전 곡성군수가 만들었다. 고 전 군수는 군수 재임 당시부터 은퇴자마을 조성을 추진했지만 마을 조성 주체를 찾지 못해 실현되지 못했다. 그는 공직에서 물러난 이듬해인 2007년 5월 ㈜리버밸리를 설립해 직접 민간주체로 나섰다. 농촌 공동화(空洞化)를 방지하고 농촌경제에 활력을 불어넣을 수 있다는 판단에서였다. 고 전 군수는 이 마을의 촌장을 맡고 있다.

강빛마을은 내가 시니어 주거문제에 관심을 가지기 시작한 2013년경에 처음 소식을 접했었는데, 사실 여러 가지 의문이 있

강빛마을

었던 모델이었다. 좀 더 보충설명을 하면 '기획형 대규모 전원 은퇴자마을' 자체를 나는 부정적으로 생각하고 있었다. 대부분의 경우 사업 자체가 좌초를 하는 경우가 많았는데, 100% 분양에 성공을 했다는 소식을 듣고 내심 '과연 잘 될까?' 하는 의문이 있었다. 그런 궁금함을 가지고 있던 차에 모 기관에서 실시하는 농촌탐방 프로그램에 강빛마을이 포함되어 있어서 신청을 하고 방문하게 되었다.

섬진강변 산자락에 자리 잡은 강빛마을을 보면서 복잡 미묘한 생각이 들었다. 훌륭한 경관과 잘 정돈된 주택단지의 모습에서 왠지 모를 부조화가 느껴졌다. 하지만 쉽게 비평하기 힘들었던 것은 그 모든 사업을 지금까지 이끌어 오고 계신 고현석 촌장님의 손길이 느껴지기 때문이었다. 보통 사람이라면 절대 해낼 수 없는 일을 하셨다는 생각이 들었다.

현장 탐방을 마치고 촌장님으로부터 직접 강빛마을의 역사와 현재에 대해 자세한 설명을 들었다.

예상대로 어렵게 분양은 성공을 했지만 정착율이 너무 낮아 많은 어려움이 있었다고 한다. 다행히 최근에 상당부분의 주택을 코레일관광개발에 위탁운영을 하기로 계약을 맺어 새로운 전기를 마련하게 되었다고 한다.

일흔이 넘은 연세지만 시대를 앞서간 혁신가의 모습을 느낄 수 있었다. 고현석 촌장님은 '강빛마을은 여전히 진행형'이라고 말씀하신다.

"저 또한 동의합니다. 언젠가 다시 강빛마을을 찾아 오늘을 추억할 수 있기를 기원합니다."

2부

공동체?
대체 누구와 함께
살 수 있을까?

1

전통적 가족의 해체

2015년 2월 미래에셋은퇴연구소에서 흥미로운 은퇴리포트가 나왔다.

'빅데이터로 본 노후에 관한 5가지 키워드'

노후에 관한 5가지 키워드는 바로…. 홀로, 친구, 일, 여행, 취미.

'가족' 연관어는 하락하고 '홀로' 살게 될 때 중요한 것이 무엇인지 고민하는 장년층이 많아지고 있다고 한다. 1인 가구 연예인들의 리얼리티 쇼인 〈나 혼자 산다〉라는 예능 프로그램이 인기를 끌고 있고 '혼밥', '혼술'이 젊은이들의 문화가 되어가고 있다.

작가 김정운은 그의 책 『가끔은 격하게 외로워야 한다』에서 고독력을 키우라고 한다. "외로움을 해결하려 하지 말고 받아들여라. 바쁨, 인맥과 성공을 동일시하는 착각에서 벗어나야 한

2015년 서울시 도심권인생이모작지원센터(현 도심권50플러스센터)는 '빅데이터로 본 노후에 관한 5가지 키워드' 별로 정책아이디어 제안토론회를 개최하였다. 어르신사랑연구모임 주관으로 진행되었던 '홀로'를 주제로 한 토론회(위 포스터 참조)에서 필자는 "'홀로'를 넘어 다시 '공동체'로"라는 제목으로 대안적 주거 모델로 공동체주거를 소개하였다.

다. 혼자 있는 시간을 늘려라"라고 충고한다. 외로움을 친구로 만드는 고독력을 기르라는 얘기다.

우리 사회는 지난 20~30년 동안 급속한 산업화와 도시화 과정을 거치며 가족 형태가 빠르게 변화하고 있다. 과거 대가족 체제에서 부부 중심의 핵가족화, 소자녀 가족, 노령화 가족을 비롯해 독신자 가족이 크게 늘고 있다.

보건사회연구원 김유경 연구위원의 「가족변화양상과 정책 함의」란 보고서를 보면, 1990년과 2010년 가구 수를 비교했을 때, 20년 사이에 1~2인 가구는 22.8%에서 48.2%로 급증했고, 4~5인 가구는 58.2%에서 30.6%로 줄어들었다.

통계청의 「2010~2035년 장래 가구 추계」에 따르면 2010년 부부+자녀 가구가 37%, 1인 가구 23.9%, 부부 가구 15.4%이지만, 2035년에는 1인 가구가 34.3%, 부부 가구 22.7%. 부부+자녀 가구 20.3%로 변화할 것으로 예측된다. 이는 1인 가구가 가장 보편적인 가족형태가 되는 사회로 진입하고 있음을 나타낸다.

가족구조가 변화되면서 가족의 해체 문제가 심각하게 대두되고 있다. 가족 해체란 별거, 이혼, 가출, 유기 등에 의해 가족구성원을 상실함으로써 그 구조가 붕괴되는 것을 말한다. 더 넓게는 결속감이나 소속감 등 가족 단위의 정서적 기능이 파괴되는 것을 의미한다. 이혼율이 급증함에 따라 한부모 가정이 늘고 있고, 세대 간의 단절로 부모와 자녀 사이는 점점 멀어지고 있다. 개인주의와 고령화 및 저출산 현상, 만혼(晩婚)화 증가도 심각해지고 있다.

일본 사회학자 야마다 마사히로가 쓴 책 『우리가 알던 가족의 종말』(그린비)에서 우리는 현대사회의 가족제도와 경제 시스템의 변화에 대한 성찰을 얻을 수 있다. 이 책은 1970년대부터 진행된 일본의 장기 불황 속에서 가족이 어떻게 구조적으로 변화해왔는지를 '경제사회학적' 관점에서 분석한 책이다. 고도경제성장기를 지나 저성장기로 경기가 변동되면서 개인의 삶뿐만 아니라 가족의 라이프사이클도 변화한다고 보는 것이다.

과거 일본이 고도성장기 시대를 거쳐 저성장 사회로 들어서면서 일하는 남편과 전업주부 아내의 가족형태는 많은 변화의 압력을 받고 있다. 고도성장기의 가족은 사회의 산업화에 아주 적합성이 높았던 장치였다. 가족의 안정적 질서에 기초해 효율성을 추구하는 경제구조에 맞았던 것이다. 애정 이데올로기가 질서를 보강하는 기능을 수행했다. '부모-자녀' 관계에서 보더라도 자녀가 부모보다 풍족하게 되는 '세대간 계층이동'이 비교적 자유로웠던 시대였고, 이것이 부모의 삶을 지탱해주는 보람이 되었다.

그러나 경제가 저성장기에 접어들자 이러한 일하는 남편과 전업주부 아내라는 가족 형태에 점차 균열이 오기 시작했다. 맞벌이를 하지 않으면 더 이상 예전의 풍요로운 생활을 유지하기 어렵게 된 것이다. 일본의 경우 기혼여성의 취업률이 상승하고, 자녀 양육 후 재취업이 늘어났다.

저성장 시대의 또 다른 문제점들 중 하나는 저출산과 기생적 싱글의 출현이다. 출산율이 낮아지는 이유는 비혼과 만혼 때문이다. 특히, 미혼 여성들이 부모와 함께 사는 경우가 증가하는데, 이들은 부모에게 생활비는 거의 내지 않으면서 급여의 대부분을 마음대로 사용하고 집안일은 어머니가 해주고 있다. 이런 생활에 익숙해지다 보면 부모보다 더 높은 경제력을 가진 남자를 만날 때까지 결혼하지 않게 된다. 야마다 마사히로는 이를 부모에게 '기생하는 싱글'이라 부른다.

저자는 『우리가 알던 가족의 종말』에서 이제 가족도 구조조정이 필요하다고 역설한다. 우리가 알던 '가족'이라는 형태는 불변의 존재가 아니라는 것. 현재 가족제도는 사회 구조적으로 알맞게 형성되었던 형태이므로, 사회가 고도 성장기에서 저성장구조로 변했으니 가족의 형태와 우리의 의식도 변할 필요가 있다고 강하게 이야기한다. 남성은 여성을 대등한 존재로 바라볼 수 있어야 하며, 사회는 여성이 차별받지 않고 남성과 동등한 수입을 얻을 수 있는 직장 환경이 필요하다. 질서구조 속에서만 가족을 대해서는 안 되고, 상호 충분한 소통으로 개인의 감정을 중요시해야 한다.

지금까지 우리가 익숙한 가부장적 사회는 여성들에게 어머니와 주부로서의 명예와 가치를 강조했다. 그러나 여성들의 '무임금 가사노동'에 의지하여 자녀의 출산과 양육, 노인부양을 감당했던 '가족'은 더 이상 유효하지 않다.

독일의 저명한 가족 사회학자이자 아동학자로 알려진 엘리자베트 벡 게른스하임은 그녀의 저서 『가족 이후에 무엇이 오는가?』에서 '가족' 이후에는 '다양한 가족들'이 올 것이라고 이야기한다.

EBS에서는 2011년 〈마더쇼크〉, 2013년 〈파더쇼크〉를 통해서 그동안 우리의 알고 있던 아버지, 어머니에 대해 새롭고 다양한 각도에서 비춰본 적이 있다. 이어 2014년에는 9부작 다큐멘터리 〈가족쇼크〉를 통해 현대사회에서 부모와 자식, 가족 속의 개인, 사회 속 가족에 대해 이야기를 하였다. 제작진은 다음과 같이 말한다.

"가족은 서로의 인생을 지지해주는 '공동체'다. 과거를 공유했더라도 만약 그 과거가 불행했다면 새로운 관계를 만들 수도 있다. 학교 친구나 오랫동안 함께한 직장 동료도, 그 밖에 다양하게 맺어지는 인간관계도 넓은 의미의 가족이라고 할 수 있다.

엘리자베트 벡 게른스하임은 가족 이후에 무엇이 오는가라고 묻고, 가족 이후에 '가족'이 온다고 답했다. 그때의 '가족'은 역할에만 충실하면서 서로 의존하고 상처를 주고받는 가족들이 아니라, 서로의 차이를 인정하고 개체성을 인정하며 존중하고 협력하는 새로운 가족이다. 과거 가족 내에서 해결하다가 공공의 영역으로 넘어가면서 복지라는 이름으로 제도화된 양육, 주택, 교육, 노후 문제를 서로 돌보는 새로운 가족이다."

혈연을 넘어 공동체의 개념으로 사회적 가족을 이야기하고 있다. 김정운의 말대로 우리는 고독력을 키워야 한다. 그래야 사회적 소통과 자기 성찰이 가능하다. 진정한 소통을 하려면 먼저 내 속의 나와 대화할 수 있는 고독력이 있을 때 가능하다.

그러나 그 고독력이 '홀로'를 의미하는 것은 아니다. 있는 그대로의 자기 자신을 받아들일 수 있는 자존감을 갖추고, 나와 내 가족이라는 혈연을 넘어 타자를 지향하고 가치중심적 관계를 맺어나갈 때 우리는 건강하고 지속가능한 공동체를 만들어 나갈 수 있다.

2

우리는 비정상(?)가족

'정상가족 이데올로기'라는 말이 있다. 사회에서 말하는 '정상가족'이란, 아빠, 엄마, 그리고 자녀로 이루어진 전형적인 핵가족 형태의 가족을 말한다. 사회에서는 이게 이상적인 가족의 모습이고, 이러한 모습에서 조금 다른 형태의 가족, 가령 기러기 아빠, 무자녀 가족, 입양가족, 동거가족, 조손가족, 동성결혼 가족과 같은 가족들을 비정상적으로 본다는 메시지를 함의하고 있다.(위키피디아)

이에 따르면 우리집은 어려서부터 지금까지 정상가족이 아니다. 어린 시절 할아버지가 돌아가신 후, 홀로 남은 할머니는 잘 사는 장남집이 아닌 둘째아들인 우리 아버지 집에 거처를 정하셨다. '집안에 어른이 계시다는 것', 나는 그 느낌을 안다. 그리고 어린 시절 할머니와의 기억은 50이 넘은 지금도 아련하고 평안하다. 할머니가 돌아가신 이후에도 우리 집에는 내가 자세히 알지 못하는 집안 어른 한 분이 꽤 오랜 기간 지내시기도 하였다. 가끔씩 그분의 존재로 인하여 어머니와 아버지가 부부싸움을 하셨던 기억이 난다. 그분은 아버지보다 나이는 어렸지만 항렬이 1대 위였다. 단지 그 이유만으로 그분은 우리 집에서 당당히 어른 행세를 하면서 지내셨다. 목소리도 크고 왠지 허풍이 심해 보였던 그 어른이 난 별로였다. 어린 나에게는 이해 안 되는 세상. 나중에 어른들 하시는 소리를 들어보니 그분은 어느 학교의 교수님이 되었다고 한다. 그리고 우리 집을 나가셨다.

지금은 늦은 나이도 아니지만, 그 당시로는 늦은 나이인 서른셋에 나는 지금의 아내를 만나 가정을 이루었다. 우리의 신혼집은 서울 수유리의 빨래골이라는 북한산 자락의 10평 남짓한 작은 빌라. 그래도 방이 2개였다. 맞벌이였던 우리는 결혼한 지 채 2년이 안 되어 낳은 딸아이를 부모님을 모시고 살던 춘천 형님댁에 보냈다. 결혼하고 2년이 채 안 되는 딱 그 시간이 우리 부부가 단둘이 지냈던 기간이다.

이후 큰 형님 아들인 조카가 고등학교 3년 동안 빨래골 그 작은 우리 신혼집에서 동거를 했고, 이후에는 군생활 마치고 대구를 떠나 서울로 편입 온 처남이 대학원 진학까지 2년을 우리와 같이 살았다. 그 다음에는 더 큰일이 기다리고 있었다. 춘천에서 직장생활하던 형님이 회사가 서울로 이전을 하면서 이사를 와야 했다. 하지만 예나 지금이나 서울의 집값은 서민들에겐 늘 넘사벽이다. 그래서 우리는 상호 공생을 위해 형님네와 살림을 합치게 된다.

그나마 서울에 비해 상대적으로 집값이 저렴한 의정부에 50평대 신축 아파트 전세를 얻어 이사를 갔다. 그 집에 우리 부부와 아이 3명, 형님네 부부와 아들 형제 4명, 어머니 아버지 2명, 그리고 큰형네 조카 1명, 이렇게 총 10명이 살았다. 의정부에서 6년, 서울에서 2년, 총 8년을 그렇게 살았다. 그 사이 아버지는 돌아가시고, 아이들도 성장하면서 형님네와 분가를 했고, 이후 어머니는 지금 우리와 함께 살고 계신다.

사실 우리가 이렇게 살 수 있었던 것은 아내와 형수의 역할이 절대적이었다. 지혜롭고 현명한 두 여자가 힘들고 어려울 수 있었던 그 시절을 우리 가족이 기쁘고 행복하게 살 수 있도록 하였다. 우리가 살았던 이야기를 하면 사람들은 어떻게 그렇게 살 수 있냐며… 놀라기도 하고, 일부는 불쌍하게 바라보기도 한다.

그러나 정작 당사자인 우리는 가족이라는 큰 틀 안에서 더불어 함께 살았던 그 시간이 삶에서 가장 풍부하고 역동적인 시간이었다. 늘 복작거리며 크고 작은 사건사고가 끊이지 않았던….

함께해서 행복은 배가 되었으며, 초기에는 갈등 상황도 적지 않았지만 어른들이 계셔서 자제하기도 하고, 살면서 서로에 대한 이해와 신뢰가 쌓이면서 자연스럽게 줄어들었다. 각자의 경제적인 형편은 여의치 않았지만 협력적 주거를 통해 부족하지 않게 살 수 있었다.

공동체주거를 이야기할 때, 다른 사람들과 달리 내가 거부감이 없고 익숙했던 이유는 결국 이 같은 나의 과거 경험에 있었다. 그 느낌을 알기에 나는 주거공동체에 대해 자연스럽게 받아들일 수 있었던 것이다.

어떤 사람들은 이야기한다. 그것은 결국 혈연 때문에 가능한 것이라고. 물론 그 말도 틀렸다고는 생각하지 않는다. 그렇다면 과연 혈연이 아닌 타인과의 관계 맺기와 공동주거는 불가능할까? 나는 그것이 궁금하고 또 확인하고자 한다. 그것이 바로 시니어들에게 공동체주거가 대안적 주거로 자리 잡을 수 있을 것인가에 대한 본질적인 질문이다.

3

아는 사람?
모르는 사람?

공동체주거가 괜찮겠다고 생각하는 사람들은 일단 주변의 가까운 사람을 찾는다. 아무래도 잘 모르는 타인과는 지레 어렵겠다고 생각하여 가까운 친구나 친인척 중 가능할 만한 사람들을 찾는다.

그런데 의외로 이렇게 가까운 사람들과 시작한 공동체주거가 성공보다는 실패하는 경우가 많다. 대부분의 경우 이러한 실패는 단순히 주거통합의 실패에 그치지 않고 좋았던 관계마저 손상되는 결과를 초래한다.

왜일까? 공동체주거에서 중요한 점은 모두가 수평적인 관계에서 서로 지켜야 할 경계를 설정하는 것이다. 모르는 타인과 시작하는 경우 이것은 자연스럽게 만들어가는 것이다. 공동체를 이루는 과정에서 서로에 대해 알게 되고, 정말 안 맞을 것 같으면 빠지기도 하고 하면서 가치를 중심으로 사람이 모이고, 중요한 사항에 대해서는 규약을 만들기도 하게 된다.

그러나 가까운 사람들과 시작하는 경우는 이런 것에 앞서 구성원부터 확정된 것이라고 볼 수 있다. 서로가 친하고 잘 안다고 생각하기 때문에 공동체형성 과정을 소홀히 하고 바로 주거를 마련하는 일부터 시작한다. 그러나 막상 현실에 부딪치면 여러 가지 크고 작은 의견차이와 갈등이 끊임없이 발생한다. 이들은 민주적 의사결정에 대한 준비가 전혀 안 되어 있으며, 상호 신뢰할 만한 중재자도 없다. 갈등이 반복되고 감정이 상하기 시작하면 돌이키기 어려운 상황이 된다.

이미 알고 있는 사람이 아니라면 많은 경우 자신과 비슷한 사람들과 함께하기를 원한다. 특히 시니어 그룹은 종교에 민감하다. 다음으로 경제적 수준, 학력 등 외적인 기준에 따른 동질그룹을 원하는 사람들이 적지 않다.

비슷한 사람들이 모여 사는 것을 나쁘다고는 할 수 없으나 외적 기준에 따라 구성원의 자격을 제한하는 것은 경계하여야 한다. 그러한 집단의 경우 자연스럽게 배타적이고 폐쇄적인 그룹으로 변할 가능성이 높다. 공동체주거는 소수의 그룹이 이웃과 따로 떨어져 사는 것이 아니라 지역의 구성원으로 다른 이웃과 어울려 살아야 한다.

선진일류기업들은 성별, 전공, 국적 등에 상관없이 역량 있는 인재를 채용하는 제도 및 인프라 구축에 보다 박차를 가하고 있다. 이들은 인력의 다양성이야말로 성과창출의 중요한 요인이라고 이구동성으로 이야기하고 있다.

공동체주거도 마찬가지다. 다양한 사람들이 서로의 차이와 개성을 존중하고 조화를 이루어 어울려 살 때, 우리의 삶은 더욱 확장되고 풍요로워질 수 있다.

공동체주거를 생각하면서 나는 신영복 선생의 말씀이 떠올랐다.

> "저는 변화를 '숲'의 의미로 받아들입니다. 나무가 숲 속에 서듯이 변화는 숲을 이룸으로써 완성되는 것이라고 생각합니다. 낙락장송이나 명목이 나무의 최고 형태가 아니라 나무의 완성은 숲이라고 생각하는 것이지요. 개인의 경우도 같습니다. 사람들의 관계 속에 설 때 비로소 개인이 완성되는 것이지요. 변화의 키워드는 변방성(邊方性)입니다. 변방과 마이너리티가 변화의 공간이라는 사실입니다. 중심부는 절대로 변하지 않습니다. 중심의 논리는 동(同)의 논리입니다. 변방만이 변화할 수 있습니다. 그만큼 자유롭기 때문입니다. 얼마든지 새롭고 창의적인 구상이 가능하기 때문입니다. 변화, 변방성, 숲의 이야기를 정리한다면 한 마디로 "변방에 숲을 만들자"입니다. 그것은 그람시의 '진지'일 수도 있고 또 하나의 공격 거점일 수도 있을 것입니다. 변방에 창조적 숲을, 탈문맥의 숲을 만들어내는 것. 그

것을 여러분이 해야 합니다."

보통 사람들이 변방에서 더불어 함께 만드는 숲, 그것이 바로 시니어 공동체주거의 모습이다.

4

관계와 경계

이 책에서 나는 '공동체주택'이란 말을 쓰지만, 그 외에도 공유주택과 사회주택, 그리고 협동조합주택까지 비슷한 듯 다른 유사한 용어들이 혼용되고 있다. 주택의 이름이 어떻든 함유된 의미는 한국 주택시장과 주거문화를 극복할 수 있는 대안적 주거를 모색하는 것이다. 거기에는 더불어 사는 꿈, 최소한의 사람답게 사는 집, 지불가능한 집 등을 실현하고자 하는 의지가 담겨 있다.

2016년 7월에는 공유주택과 사회주택 두 개 단체에서 각각 포럼이 있어 다녀왔다. 2015년까지만 하더라도 너무 빠르다 싶을 정도로 논의가 확산되고 다양한 주체가 참여하고 있다는 생각을 했었는데, 2016년에는 그래서인지 많이 혼란스러웠다. 눈에 띄는 건 공공의 참여다. 긍정과 부정 양면성이 있지만 공공의 역할을 필요로 하는 한, 정확한 용어의 규정과 개념의 정립은 반드시 해야 한다.

다음으로 여전히 공유주택, 공동체주택, 사회주택에 관한 공론의 장은 모두 공급자, 연구자 관점에서만 논의되고 있다는 것이다. 그러나 이제 소비자의 질적 · 양적 성장이 없이 공동체주택이 대안적 주거로 자리 잡기는 힘들다.

그렇다면 과연 일반 시민들은 공동체주택에 대해 어떻게 생각하고 있을까? 그래서 직접 알아보기로 했다. 45~65세의 수도권거주(서울/경기/인천) 중장년 세대를 대상으로 공동체주택 인식에 대한 설문조사를 진행하였다. 조사 결과 나는 매우 흥미로운 사실을 발견하였다.

위 자료에서 보면 중장년 세대가 공동체주택을 선택하게 되는 가장 큰 동기는 노후에 사회적 고립을 예방하고 공동체적인 삶을 원하기 때문이다. 그러나 아이러니하게도 공동체주택을 주저하게 되는 가장 큰 이유 또한 관계에 대한 두려움이다. 사람이 그리우면서도 낯선 사람과의 관계가 두려운 것이다.

역시 공동체주택, 공동체주거의 핵심은 '관계'다.
공동체주거란 결국 타인과 함께 더불어 사는 것.
그것은 혈연이 아닌 사람과 새로운 관계를 맺는 것.
그 관계란 서로의 경계를 유지하는 것.

Q. 귀하가 공동체주택에 살고 싶은 가장 큰 이유는 무엇입니까?

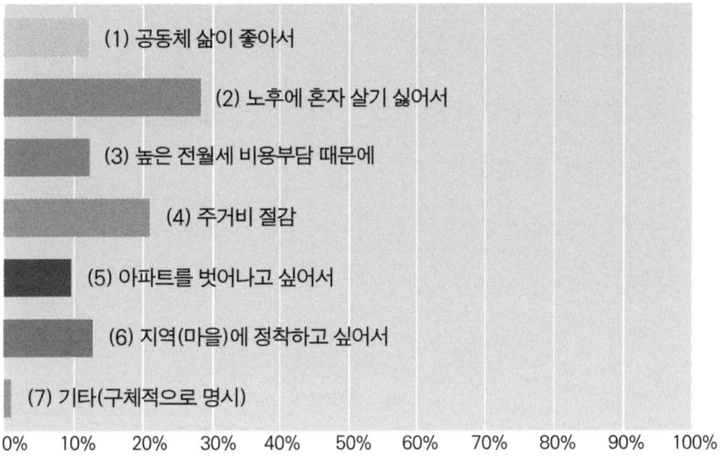

Q. 귀하는 공동체주택으로 전환이 어려운 이유가 무엇이라고 생각하십니까?

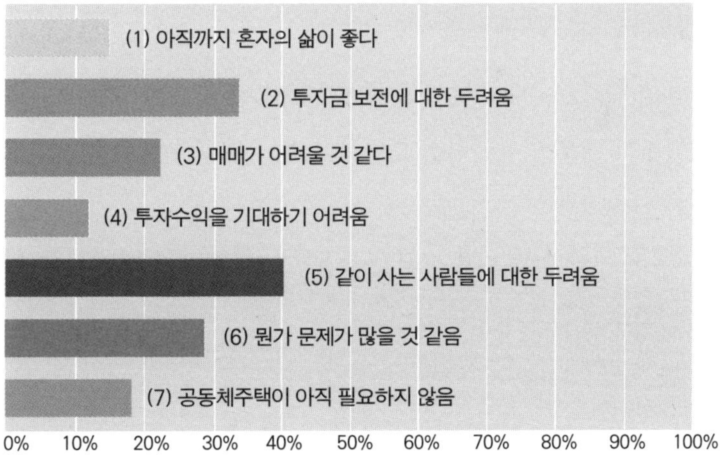

공동체주거 관점에서 이상적인 관계의 비결은 바로 경계에 있다. 이 점을 우리가 거듭 음미해야 한다. 좋은 인간관계를 유지하려면, 서로 간에 적절한 거리, 일정한 거리를 지켜야 한다.

그렇다면 공동체주택은 과연 사람들이 염려하는 것처럼 불편하고 사생활이 침해받는 공간일까?

결론부터 말하면 그렇지 않다. 우리가 공동체주택이 아닌 일반주택에 산다면 이웃과 단절되어 지내므로 번잡스러울 것 없이 자유롭고 편한 면도 있지만, 서로가 잘 알지 못하는 이웃과의 관계에 있어 항상 긴장하고 경계심을 유지해야 하는 피곤함도 있다. 반면에 코하우징 형태의 공동체주택은 일반인들이 생각하듯이 그렇게 예전처럼 경계없이 사생활의 영역을 넘어서는 공간이 아니다. 공동체주택은 구성원의 사생활을 최대한 보장하면서도 강한 소속감과 공동체의 유대감을 갖고자 하는 사람들이 모인 곳이다. 입주자들의 소통과 활동은 주로 커뮤니티 공간에서 이루어지기 때문에 세대별 사유 공간은 더욱 철저하게 보호받을 수 있다. 대부분의 공동체주택의 관리는 자치적으로 이루어지기 때문에 이런저런 모임이나 행사가 많은 편이지만 의무적인 참여가 강제되지 않는다. 골방과 광장을 오갈 자유가 있는 곳, 여럿이 함께 더불어 살려고 할 때 행복할 수 있는 곳, 그곳이 바로 공동체주택이다.

식구의 탄생(EBS)

이 내용은 2016년 9월 6일부터 10월 13일까지 서울시50플러스재단의 후원으로 더함플러스협동조합이 주관하여 진행했던 '50+세대를 위한 주거전환강좌' 프로그램 중 문화콘텐츠를 통해 바라본 시니어 주거 이야기 강좌 후기이다.

| 내용 소개 |

2014년 EBS 다큐프라임에서 〈가족쇼크〉라는 다큐멘터리를 내놓았다. 9부작 중 4부에서 방송된 〈식구의 탄생〉. 각기 연령대가 다른 8명의 1인 가구가 8주간의 프로젝트로 한 가족이 되어가는 이야기이다.
언제부터인가 우리 곁에 혼자 사는 사람들이 늘고 있다. 그리고 세상에는 이들을 위한 간편한 식사들도 늘어간다. 혈연과 함께 사는 가족이 중요했던 시대가 있었지만, 현재 네 집 중 한 집이 1인 가구인 시대를 살아가고 있다. 미혼(44.6%), 사별(28.8%), 이혼(14.7%), 유학 · 직장(12.8%) 스스로의 선택 문제만이 아닌 혼인 연령대 변화와 밤낮이 뒤바뀐 직장생활 및 비정규직 문제 등으로 1인 가구는 계속 늘어나고 있다.

혼자 사는 이유는 다양하지만 한 끼 식사는 다르지 않다. "밥 먹고 싶다" "밥을 안 먹어요" "혼자 밥 먹을 때 내가 뭐하고 있지? 왜 내가 혼자서 라면을 먹고 있지?" 함께 식사할 사람들이 생긴다면 어떨까!

1인 가구를 대변하는 사람들과 흥미로운 실험이 시작된다.

'8주 동안 하루에 따뜻한 밥 한 끼를 하는 가상의 식구'는 과연 탄생할 수 있을까?

국어사전에서 '식구(食口)라는 단어를 찾아보면, '같은 집에서 끼니를 함께하는 사람'이라고 정의를 내린다. 하지만, 현재의 대한민국, 네 집 중 한 집이 홀로 사는 가구가 차지하는 이 사회에서, 식구는 더 이상, 그 예전에 한 집에서 살며 끼니를 함께 하는 사람으로 존재하기가 힘들다.

가족과 사별해서, 혹은 이혼을 해서, 그게 아니라도 직장과 학교 등의 이유로, 혹은 경제적인 이유로 홀로 사는 1인 가구들이 늘어나는 세상. 그래서, 이제 나의 생애에서 언젠가는 홀로 사는 삶이 더 이상 이상할 것이 없어지는 세상에서 식구와 가족의 의미는 무엇일까?

EBS 다큐 프라임은 〈식구의 탄생〉이란 프로그램을 위해 1인 가구의 식사 프로젝트를 준비했다. 이 프로젝트를 알리고, 참가자를 모집하고, 그 결과 8명의 다양한 연령대와 직업군의 참가자들이 모였다.

1년 전 할아버지를 사별한 일흔이 넘은 할머니, 마흔 중후반의 기러기 아빠, 그리고 이혼한 가정의 싱글남, 30대 공무원, 프리랜서, 그리고 외국인 강사, 20대의 회사원과 학생까지 다양한 사람들이 함께 식사를 하기 위해 모여들었다.

'식구의 탄생'은 위와 같은 배경에서 시작된 다양한 사회적 계층의 1인 가구 함께밥상 프로젝트의 에피소드를 담고 있다.

먼저 이와 같은 프로젝트가 추진된 배경을 생각해볼 필요가 있다. 전통적 가족이 해체되고 1인 가구가 늘어나고 있는 것은 누구도 부정할 수 없는 메가트렌드이다. 그러나 자발적이든 비자발적이든 1인 가구로 사는 데는 크고 작은 생활상의 불편과 어려움이 있게 마련이다. 가장 큰 문제는 역시 관계빈곤, 외로움, 사회적 고립의 문제이다. 방송은 1인 가구의 관계결핍 해결을 위한 대안으로 비혈연 사회적 관계의 가능성을 실험하고자 하였다.

혈연 가족이 아닌 사회적 관계의 지속성에 영향을 미치는 중요한 요소로 나는 지역성과 신뢰도를 이야기하고 싶다. 다시 말해서 좋은 관계란 가까이에 있어 언제든 원할 때 만날 수 있는 믿을 만한 사람이라고 생각한다.

요즘은 좀 시들해졌지만 불과 2~3년 전만 해도 '집밥'과 같은 소셜다이닝이 크게 유행을 했고, SNS의 발전과 함께 수많은 온오프라인 커뮤니티 활동이 엄청나게 증가하고 있다. 그러나 이와 같이 지역성이 결여된 인스턴트적 관계는 상호 선택적으로 순간순간 만남의 즐거움은 있으나 지속성을 기대하기 힘들고 관계의 정도가 일정 수준을 넘어서기 힘든 부분도 있다.

다음으로 관계의 질에 영향을 미치는 것은 상호 신뢰의 여부이다. 상대에 대한 경계심을 풀고 신뢰를 확인하기까지는 시간과 노력이 필요하다. 인간관계에서 서로를 파악하기 위해 가장 유용한 방법은 바로 함께 밥을 먹고 여행을 하는 것이다. 개인의 식성, 성향, 라이프스타일을 종합적으로 확인할 수 있다.

누군가와 '밥을 먹는다는 것'은 그냥 허기진 배를 채우고 끼니를 해결하는 것 이상의 의미와 가치를 가지고 있다. 모든 관계는 '함께 밥을 먹는 것'으로 시작된다고 해도 지나침이 없다. '같이 밥을 먹는다는 것'은 곧 서로를 인정한다는 것이며 밥상은 최고의 협상테이블이다. 그래서 많은 공동체의 소통은 밥상모임을 통해서 이루어질 수 있다고 볼 수 있다.

그 다음이 여행이다. 여행은 익숙한 일상을 벗어남으로써 마음을 개방하게 하여 소통을 촉진하고 서로의 라이프스타일을 확인할 수 있는 기회이기도 하다. 공동체주거 해외사례에서 설명했던 독일 함부르크의 다섯 노인들도 공동체주거를 시작하기 전에 여러 차례의 여행을 함께 다녀왔다. 그리고 소행주 식구들이 대표적으로 자랑하는 공동체 프로그램도 바로 여행이다. 그들은 1년에 세 차례의 여행을 다녀온다고 한다. 남자들만 가는 아빠여행, 여성들만 가는 엄마여행, 그리고 모두가 함께 가는 가족여행. 스케일도 점점 커져서 처음에는 근교 당일 또는 1박 2일에서 이제는 장기간의 해외여행도 간다고 한다.

다음으로 공동체 구성원의 관계를 촉진하는 중요한 매개체가 바로 뭔가를 키우는 것이다. 그래서 많은 사람들이 공동체 활동의 1순위로 텃밭을 꼽는다. 텃밭은 서로에게 협동노동의 기회를 제공하기도 하고 노력의 성과물을 공유하는 경험, 생명의 성장을 바라보는 정서적 안정감까지 매우 의미 있는 활동이다. 텃밭 외 반려동물도 생각할 수 있다. 『마흔 이후, 누구와 살 것인가』에서도 고양이 비어즐리가 세 사람의 관계에서 커다란 역할을 했으며, 〈브루클린의 멋진 주말〉에서도 반려동물이 중요한 소재이다. 반려동물은 당사자들의 관계가 불편할 때, 이를 완충시켜 주는 완충지대 같은 역할을 한다.

반려동물과 함께 이야기하기가 좀 그렇지만 아기나 어린아이가 있으면 확실히 공동체의 분위기가 좋다. 분위기가 심각하거나 불편할 때, 아이들의 등장이나 웃음소리로 쉽게 마음이 풀리기도 한다. 그래서 지속가능하고 건강한 공동체 구성을 이야기할 때 에이지 믹스(age mix), 소셜 믹스(social mix)를 이야기하는 것이다.

지역성과 신뢰도 차원에서 본다면 공동체주거가 관계의 가장 높은 수준이라 할 수 있고, 그 다음은 바로 마을공동체, 이웃이라고 생각한다. 소통이 단절된 도시의 삶에서 파편화된 개인들은 늘 불안함 때문에 항상 긴장을 풀지 못하고 경계심을 유지하여야 한다. 퇴근 후 동네에서 편하게 막걸리를 한잔 나누거나 소소한 이야기를 나눌 수 있는 이웃이 있다면, 그런 사람들이 몇몇 모여 뭔가를 작당할 수 있다면, 우리의 삶도 우리의 도시도 달라질 것이다. 그것이 바로 우리가 원하는 마을공동체이다. 불안한 사회 가장 확실한 안전대책은 세콤(최첨단 방범시스템)이 아니라 이웃이다.

3부

삶의 전환이 우선이다

1

왜 지금 '전환'을 이야기하는가?

2013년경으로 기억이 난다. 그날은 어머니 친구분들이 우리 집에 모이셨다. 어른들은 그렇게 수시로 서로의 집을 방문하여 모여 노셨다. 그렇게 모여 음식도 나누시고, 주로 간단한 게임을 하셨다. 시간을 보내기도 좋고 치매예방에도 좋다며. 그날 외근 일정이 일찍 끝난 나는 바로 귀가를 하였고 거실에서 어머니와 친구분들이 함께 이야기를 나누게 되었다. 워낙 자주 어울리는 것을 알기에 나는 별 생각 없이 인사삼아 말씀을 드렸다.

"이렇게 자주 만나시는데 한 집에서 함께 사시면 참 좋겠어요!"

그 말을 들은 어르신들의 반응은

"그게 가능하기나 한 소리야?"

"난 이 사람과 못살아~ 나나 되니까 어울리지, 안 그래? 하하."

가족이 아닌 사람과 함께 산다는 것에 대해 전혀 생각지도 못하셨던 것 같았다. 그 일이 있은 후 어머니가 말씀하셨다. 나중에 어머니들끼리 모인 자리에서 전에 우연히 내가 던진 질문에 대한 이야기가 나왔다고 한다.

그날의 분위기는 "10년만 젊었으면 진지하게 한번 생각해보고 싶다" "현실적으로 지금 상황에서 자식보다 가까운 사이가 친구다" "모르는 남이라면 어렵겠지만 우리 친구들이라면 괜찮지 않을까" "외롭지 않고 얼마나 좋아" "자기하고는 성격 안 맞아서 안 돼~" "지지고 볶고 다투더라도 혼자보다 낫지 않아?"

이런 이야기가 오고 갔지만 결론은…

"이젠 너무 늦었어, 지금 함께 산다면 서로에게 짐만 될 뿐이야."

"이렇게 오래 살 줄 몰랐어…."

이후로 어머니들의 만남 횟수는 점점 줄어들었고 한 명, 한 명 참석하지 못하는 분들이 늘어갔다. 그렇다. 어머님들은 이미 아셨다. 함께 사시기에 너무 늦었다는 것을.

그날의 일은 내가 노후주거문제에 본격적으로 관심을 가지는 계기가 되었다. 대부분의 어머니 친구분들은 남편들이 먼저 떠난 후 평균 10년 이상을 혼자 사셨다. 한국사회 격변기 한복판을 아내로 어머니로 두 몫, 세 몫을 해오신 어머니들은 노후 또한 자식에 의지하지 않고 당당히 혼자 사는 삶을 선택했다. 그리고 그 선택은 어른들도 자유롭고 자식들도 나쁘지 않은 현명한 선택인 것 같았다. 70대 초중반까지는…

그러나 어른들도 자녀들도 미처 생각하지 못했던 것이 있었다. 그것은 바로 장수 리스크다. 내 어머니도 아버지를 떠나보낸 후, 당신의 영정사진을 준비하셨다. 그것이 벌써 10년도 더 지난 일이다. 대부분의 어머니들이 길어야 80을 당신의 예상 수명이라고 생각하셨다. 그리고 노년 또한 스스로 건강하고 통제가능한 삶을 사실 것으로 생각했었다.

하지만 도시에서 고령에 혼자 사는 것이 그리 녹록지 않다. 나이 들면서 자연스럽게 심신이 약해지면 활동성은 떨어지고 이때부터 삶의 리스크는 급속도로 증가한다. 어른들은 점점 더 고립되고 자녀들은 불안과 긴장감이 심해지지만 마땅한 대응 수단이 없다. 보통의 서민들이 선택 가능한 노후주거 대안도 없고, 자녀들 또한 자신들의 삶을 살기에 바빠서 부모를 제대로 돌볼 여유가 없기 때문이다.

사회 변화와 가족의 해체에도 불구하고 기본적으로 가족부양에 의지하는 우리의 복지체계는 스스로 약함과 빈곤, 관계의 부재를 증명하지 못하면 공공복지의 혜택을 기대할 수 없다. 따라서 보통의 서민들에게 어르신들의 불안한 노후는 오롯이 전체

가족에게 위험이 전가된다.

그렇다면 미래 노인세대인 50+세대는 어떤 준비가 되어 있는가? 안타깝게도 지금의 노인세대보다 전혀 희망적이지 않다. 아니 더욱 염려스러운 실정이라고 할 수 있다. 이와 관련하여 매우 충격적인 조사결과가 있다.

보험연구원 조사를 보면 2005년 50~65세 중산층 중 52.8%가 8년 후 노후 빈곤층으로 전락했다. 일명 '낀 세대'라 불리는 베이비부머 세대는 평균 53세에 은퇴해 81.3세까지 살아간다고 가정하면, 은퇴 후 28.3년을 주 수입원 없이 버텨야 하는 셈이다.

급속한 고령화로 수명은 늘어나는데 양극화로 중산층은 빠르게 사라지고 그 누구도 경험하지 못한 장기 저성장 시대를 맞이하고 있다.

이 같은 고령사회의 장수 리스크에 대해서는 매일같이 각종 언론에 차고 넘치게 보도되고 있다. 그러나 안타깝게도 대부분의 결론은 알아서 재무적 준비를 하라는 것이다. 일견 이해는 간다. 어려운 나라살림에 공공복지를 기대하기도 힘들고 스스로 제 앞가림하기도 힘든 자녀의 부양을 기대하기도 힘들기 때문이다.

그러나 이러한 각자도생식 결론은 문제가 있다. 과연 베이비부머 세대가 재무상황을 호전시킬 방법이 있기는 한가? 이런 식의 편한 결론이 사람들을 더욱 불안하고 강퍅하게 만든다는 생각이 든다.

가구당 순자산 보유액 구간별 기구분포

(단위 : %, %p)

순자산(억원)		-1 미만	-1-0 미만	0-1 미만	1-2 미만	2-3 미만	3-4 미만	4-5 미만	5-6 미만	6-7 미만	7-9 미만	8-9 미만	9-10 미만	10 미만	평균	중앙값
가구분포	2013년	0.2	2.8	36.1	20.4	13.0	8.8	5.0	3.5	2.4	1.5	1.3	0.9	4.1	26,631	14,697
	2014년	0.2	2.7	34.6	20.6	13.5	9.7	5.5	3.7	2.5	1.6	1.2	1.0	4.1	27,370	15,453
	전년차 (비)	0.0	-0.1	-1.4	0.2	0.6	-0.1	0.5	0.2	0.1	0.1	-0.1	0.1	0.0	2.0	5.2

자료=통계청 2014 가계금융복지조사

은퇴 후 노후자금으로 얼마가 필요한가에 대한 의견은 워낙 많은 가정이 필요하기 때문에 쉽지는 않지만 여러 가지 조사결과들을 종합해보았을 때, 대략 기본생활에 가구당 5~6억 원, 여유 있는 생활을 위해서는 10억 원 이상이 필요하다고 이야기들 한다.

2014년 통계청에서 발표한 가구당 순자산 보유액 현황을 보면 가구당 순자산 10억 이상은 전체 가구의 4.1%, 6억 이상까지 해도 전체 가구의 10.4% 불과한 실정이다. 다시 말해 전체 가구의 10% 정도만이 자신이 벌어둔 순자산만으로 기본적인 생활이 가능하다는 말이다.

그렇다면 나머지 90%의 재무적 노후준비가 부족한 사람들은 실패한 삶인가? 모아놓은 돈으로 먹고사는 걱정 없으면 과연 행복한 삶인가? 그 어느 것도 인정할 수 없다. 노후의 문제를 재무적인 관점에서만 접근하는 사고의 심각한 오류이다.

더욱 심각한 문제는 언제 끝날지 모르는 장기 저성장 시대를 맞이하고 있다는 것이다. 저성장 시대란 결국 일자리는 줄어들고, 사업을 통해 돈을 벌기도 힘들며, 저금리로 이자 수익 또한 기대하기 어렵다는 것이다. 노후의 문제를 돈으로 해결하고자 한다면 대부분의 서민 중산층들은 만족하는 결과를 얻기 힘들 뿐 아니라, 회복력이 점점 떨어질 수밖에 없는 50+세대의 경우 한 번의 실패가 파탄적 결과로 이어질 수밖에 없기 때문에 조심해야 한다.

지금까지 우리는 고도 성장기를 살아왔다. 그러나 이제는 저성장 시대를 준비해야 한다. 저성장 시대를 인정하고 저비용 구조로 삶을 다운사이징하고 가치 지향적 관계형성에 노력하여 비록 돈은 많지 않아도 덜 쓰고 행복하게 살 수 있는 방법을 찾아야 한다.

그리고 후반생을 맞이해야 하는 우리 삶이 전반과 같을 수는 없음을 인정해야 한다. 아무리 뛰어난 축구선수도 전후반을 처음부터 끝까지 전력질주할 수는 없다. 그래서 전반과 후반의 경기운영은 달라야 하는 것이다. 우리 인생도 다르지 않다. 나는 우리 인생의 전반과 후반에 있어서 다음과 같이 다섯 가지 전환의 요소를 제시하고자 한다.

전환	Until NOW	From NOW
의식	뭐해 먹고 살지?	어떻게 죽을 것인가?
가치	돈	사람-관계
중심	가족	나
목표	Upsizing	Downsizing
일	Job	Work

2

의식의 전환

『어떻게 죽을 것인가』는 2015년 출간되어 많은 사람들의 관심을 받았던 책이다. 주요 내용은 고령화에 따른 노인요양 문제, 현 의료체계의 과잉진료 문제 등을 다루고 있지만, 보다 중요한 메시지는 과거와 달리 길어진 노년에 대한 올바른 이해와 준비가 필요하며, 우리의 인생이 유한하다는 것을 알고 언젠가 죽는다는 것을 받아들여야 오늘을 잘살 수 있다는 것이다.

나는 이 질문을 삶의 전환점에 서 있는 50+ 세대에게 묻고 싶다. 배신감, 상실감, 불안감에 싸여 있는 그들에게 세상은 더욱 압박한다. "노후를 준비하라고…", 수억 원의 노후자금이 없으면 인생을 잘못 살아온 것 같은 생각이 들게 하며, 여러 가지 대안을 제시하지만…. 결국 지금까지의 은퇴설계는 기-승-전-'뭐해먹고 살지?'로 귀결된다.

물론 먹고사는 문제는 중요하다. 그러나 한번 생각해보자. 지금까지도 우리는 내 식구 잘 먹고 잘살자고 한눈팔지 않고 열심히 살아왔다. 그럼에도 불구하고 지금 내 인생의 재무상태표에는 불안한 노후와 아직도 온전히 독립하지 못한 자녀, 그리고 달랑 집 한 채인 것이 현실이다. 이미 고용시장에서는 경쟁력을 상실했으며 한계상황에 다다른 자영업 시장에 승부를 걸기에는 너무 무모하다. 이런 상황에서도 온 우주가 나서서 도울 것을 믿으며 '노~오~력'할 것인가?

이제는 질문을 바꿔야 한다. 잘못된 질문에 정답을 찾는 오류를 범해서는 안 되며, 이제는 잘못된 선택을 되돌릴 시간도 없기 때문이다. 그럼 구체적으로 '뭐해먹고 살지?' 식의 은퇴설계의 문제는 무엇인가?

먼저 노년의 문제를 지나치게 경제적 문제에 국한하여 인생의 다양한 가치와 아름다운 노년을 제대로 이해하고 준비할 기회를 빼앗아 간다는 것이다. 은퇴설계를 노후자금의 확보 관점에서 접근을 하면 절대 다수의 사람들은 상실감, 자괴감, 불안감을 느낄 수밖에 없으며 결과적으로 더욱 위축되고 소극적으로 살게 된다.

그 누구도 은퇴자금을 쌓아놓고 먹고사는 데 만족하는 노년을 원하지는 않을 것이다. '장수가 축복이냐 재앙이냐'를 놓고 말들이 많지만, 어찌되었든 우리에게는 전에 없던 제3의 인생이 주어졌다. 지금이야말로 우리가 스스로의 삶의 주인으로 살 수 있는 절호의 기회이다. 지금까지는 식구들 먹여 살리기 위해 좌우 돌아보지 않고 전쟁 같은 삶을 살았다면, 이제는 내가 하고 싶은 일, 좋아 하는 일, 잘 할 수 있는 일, 보람 있는 일을 하면서 살아보자. 돈은 적게 벌더라도 더 행복하게 살아보자.

이러한 관점에서 바라보면 생각이 전혀 달라진다. 문제는 돈이 아니다. 과연 존엄한 노년은 무엇이며, 나는 어떻게 죽음을 맞을 것인가를 생각하여야 한다. 거기서부터 답을 찾고 지금부터 그 시간에 이르기까지 리버스 엔지니어링 관점에서 재설계가 필요하다. 이렇게 문제를 뒤집는 것만으로도 우리의 삶은 전혀 달라질 수 있다.

3

중심의 전환

버킷 리스트는 죽기 전에 해보고 싶은 것들을 정리한 일종의 목록이다. 2007년 잭 니콜슨과 모건 프리먼이 주연으로 나왔던 동명의 미국영화가 있다.

상식이 풍부한 늙은 자동차정비공 카터 챔버스(모건 프리먼 역)와 그가 입원해 있던 병원의 오너이자 제멋대로인 성격의 재벌 사업가 에드워드 콜(잭 니콜슨 역)은 우연히 같은 병실을 쓰게 된다. 서로 너무나 다른 성격의 두 남자는 공통점이 하나 있었다. 바로 '나는 누구인가'를 정리할 필요가 있고, 얼마 남지 않은 시간 동안 '하고 싶던 일'을 다 해야겠다는 것이었다.

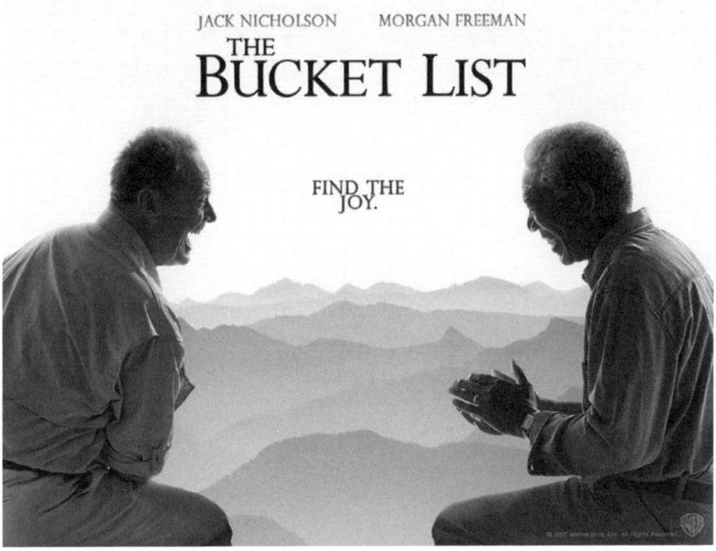

얼마 전 이 버킷 리스트가 나를 당황하게 한 적이 있었다. 아는 분이 버킷 리스트와 관련해 온라인 설문을 진행하였다. 내용은 "행복한 노년(삶)을 생각하며 버킷 리스트를 가지고 이를 이루고자 하는 삶이 얼마만큼 삶의 질을 높일까?"에 관한 것이었다. 매우 간단한 설문으로 몇 가지 선택형 또는 단답형 설문에는 막힘없이 적어 나갔다. 그러나 마지막 질문이 나를 당황하게 했다.

버킷 리스트를 작성해주십시오

(최소 5개 이상 많을수록 좋습니다. 최대한 구체적으로 작성해주시면 감사하겠습니다. 예를 들어 세계여행이라고 쓰시기보다 아르헨

티나에 가서 탱고공연 보기, 인도에서 요가 배우기 등으로 구체적일 수록 향후에 버킷 리스트를 이루는 데 더욱 도움이 됩니다.)

한참 생각한 끝에 억지로 작성을 하긴 했는데, 지금도 명확하게 기억이 나지 않는 것을 보니 나의 진정한 버킷 리스트라고 볼 수는 없다.

그런데 나중에 확인해보니 버킷 리스트 작성에 애를 먹은 것이 나만의 이야기가 아니었다. 설문을 진행했던 분 말로는 적지 않은 사람들이 자신의 버킷 리스트를 완성하지 못하고 설문을 중단했다고 한다. 동일한 설문을 작성했던 내 친구 또한 버킷 리스트 설문으로부터 받은 충격을 이야기했다. 친구의 말을 요약하면, 자신은 지금까지 자식으로 남편으로 가장으로 가족을 부양하는 것이 자신의 존재 이유였고 아무런 의심 없이 또 당연히 그렇게 살아왔다는 것이다. 지금까지 자신의 삶에 정작 자신은 없었다는 것이다. 그런데 하고 싶은 일이 뭐냐고 물으니 당황스럽고 멍해진 스스로에게 화가 나서 더 이상 설문을 작성할 수 없었다고 한다.

아마 많은 50+들이 친구의 이야기에 공감을 할 것이다. 지금까지 우리 삶의 중심은 내가 아닌 회사와 가족이었다. 가족을 위해 회사형 인간으로 치열하게 경쟁하며 살아왔으나 회사에서 밀려나고 가족에게 소외되고 있는 것이 지금 우리의 모습은 아닌지. 우리는 지금까지 나 자신이 아닌 외부로부터 주어진 의무와 필요에 의해 미친 듯이 열심히 살아왔다. 때론 공허함이 찾아오기도 했지만 그 공허함조차 잊고자 더욱 치열하게 살았던 것 같다. 하지만 언제까지 그렇게 스스로를 소모하며 살 수는 없는 것, 만약 지금 멈춰섰다면 감사하자.

이제 나를 돌아보자. 나를 둘러싼 주변의 의무와 요구 속에서 스스로를 멈춰 세우고 오롯이 나 자신과 마주해보자. 진정 내가 원하고 만족할 수 있는 것은 무엇인지?

영화 〈버킷 리스트〉에는 다음과 같은 대사가 나온다.

> 자네 그거 아는가, 고대 이집트인들은 죽음에 대해 멋진 믿음을 가지고 있었다네. 영혼이 천국의 입구에 다다를 때, 신은 그들에게 두 가지 질문을 했다네. 그들의 대답에 따라 그들이 천국으로 갈지 말지가 결정되었다네.
>
> Have you found joy in your life? (인생의 행복을 찾았는가?)
>
> Has your life brought joy to others? (자신의 삶이 다른 이를 기쁘게 했는가?)

있는 그대로의 나를 인정하고 받아들일 때, 나는 내 삶의 주인이 되어 외부와 당당하게 관계를 맺을 수 있고 행복할 수 있다. 내가 행복해야 다른 이를 기쁘게 할 수 있다.

4

가치의 전환

나는 1962년생, 2017년 현재 56세 베이비부머 세대이다. 정치적으로 매우 혼란스러운 시기에 대학을 다녔으나 고도성장기를 살아온 덕에 별다른 어려움 없이 취업하여 직장생활을 시작했다. 첫 직장은 공기업 분위기의 매우 안정된 회사였다. 그 안정이 나는 싫었다. 3년을 채우지 못하고 대기업 계열 시스템통합업체로 이직을 했다. 그때부터 나의 다이나믹한 사회생활은 시작됐다.

그래도 그 시절에는 동료애가 살아 있었으며, 성실히만 하면 차근차근 승진하고 연봉도 오르는 재미에 힘든 줄 모르고 열심히 일했다. 어느덧 나도 회사형 인간으로 변해가고 있었다. 그러나 IMF를 맞으며 그 믿음은 한순간에 무너졌다. 같은 회사에서 만나 사내결혼을 한 우리 부부는 IMF 때, 누가 나가든 둘 중 한 명은 퇴직하라는 압박을 받았다. 우리는 인정할 수 없었기에 반발하였다. 다행히 아내와 내가 속한 각 부서장들이 적극 도와준 덕분에 사내결혼 커플 중 유일하게 부부만 계속 근무할 수 있었다.

그러나 이제 더 이상 회사를 믿지 않았다. IMF의 위기는 벤처 바람을 몰고 왔다. 이념이 사라진 시대, 모두가 '부자 되세요~'를 덕담처럼 건네는 시절이 왔다. 이래저래 돌파구를 찾던 나도 나이 40을 앞에 두고 벤처창업 대열에 뛰어들었다. 성공에 대한 확신이 있었고 대박이 눈에 보이는 듯했다.

2000년부터 벤처업계에서 15년을 일했다. 그러나 생각처럼 쉽지 않았다. 결과적으로 대박은 이루지 못했고 한때 좋았던 동료들과의 관계는 점점 망가졌다. 아이러니하게도 사업 면에서 가장 좋은 성과를 내던 시점에 또다시 같이 일을 도모했던 후배들과 관계가 틀어지면서 "나 지금 잘살고 있는 것인가?", "언제까지 이렇게 살 것인가?" 하는 의문이 강하게 들기 시작했다.

그때가 전환의 지점이었다. IMF 때문에 나는 회사를 떠나게 되었다. 돈은 못 벌고 동료들과 사이가 멀어졌던 벤처의 시간들을 뒤로하고, 나는 비록 돈은 좀 덜 벌더라도 의미 있는 삶을 살고자 하는 사회적 기업가의 길로 들어섰다.

사회적기업이란 영리기업과 비영리기업의 중간 형태로, 사회적 목적을 우선적으로 추구하면서 재화 · 서비스의 생산 · 판매 등 영업활동을 수행하는 기업(조직)을 말한다. 「사회적기업육성법」에서는 사회적기업을 취약계층에게 사회서비스 또는 일자리를 제공하여 지역주민의 삶의 질을 높이는 등의 사회적 목적을 추구하면서 재화 및 서비스의 생산 · 판매 등 영업활동을 하는 기업으로서 고용노동부 장관의 인증을 받은 기관으로 정의하고 있음. 영리기업이 주주나 소유자를 위해 이윤을 추구하는 것과는 달리, 사회적기업은 사회서비스를 제공하고 취약계층에게 일자리를 창출하는 등 사회적 목적을 조직의 주된 목적으로 추구한다는 점에서 차이가 있음.(한국사회적기업진흥원)

사회적 기업을 알게 되고, 어머니 세대의 노후를 보면서 중장년 세대의 주거문제를 사회적 문제로 인식하게 되었다. 도시에서 나이 드는 노년의 삶은 녹록지 않으며, 혼자 사는 가구는 시간이 갈수록 위험이 커져간다. 이러한 문제를 해결할 수 있는 대안으로 공동체주거를 생각하게 되었다. 그러나 사회적 목적을 추구하면서 동시에 지속가능한 수익모델을 만드는 것은 너무나 어려운 일이다. 상당한 기간 동안 재정적 압박을 감내하여야 하고 불확실성이 큰 사업이다. 이 상황에서 나는 두 가지 질문을 스스로에게 하였다.

첫째, 나는 이 일을 해야 할 분명한 이유가 있는가?(미션/꿈)

둘째, 소득감소에도 불구하고 당당하고 행복하게 살 수 있는가?(현실)

먼저 나는 이 일을 해야 하는 이유를 스스로 찾아야 했다. 어머니 세대의 노후주거문제는 멀지 않은 미래 우리의 문제다. 그리고 아파트에 살면서 공동체주거를 이야기하는 것 자체가 모순이라는 생각이 들었다. 그래서 나는 아파트를 떠나 공동체주택으로 전환하기로 마음을 먹었다. 그 과정 자체를 콘텐츠 개발이 병행되는 비즈니스 프로세스로 만든 것이다. 나의 비즈니스는 '더불어 사는 꿈'을 '더불어 사는 집'이 될 수 있도록 돕는 것이다. 이제 내가 이 일을 해야 하는 이유는 분명해졌다. 그것은 바로 내 문제이기 때문이다.

이 결정은 나에게 강력한 동기부여가 되었다. 나는 적극적으로 주거전환을 기획하게 되었고, 누구보다 디테일하게 과정에 관심을 가지고 참여했었고, 성공적인 전환을 위해 최선의 노력을 다할 수 있었다.

다음은 결국 '돈' 문제, 현실의 문제다. "과연 사회적기업을 하면서 먹고 살 수 있을까?"

오랜 기간 사업을 했던 나, 절대 돈을 무시하지 않는다. 아니 돈을 좋아한다. 그리고 누구보다 돈을 많이 벌어 성공하고 싶어했던 사람이다. 그러나 결국 재무적 성공은 이루지 못했다. 솔직히 인정한다. 하지만 '돈'이 없다고 우울하게 살고 싶지는 않다. 적게 벌고 더 행복하게 살 수는 없을까?

지금까지 전반기 우리 삶을 지배했던 상식은 돈이고 성장이었다. 많이 벌고 많이 소유하고 소비하고 과시하는 것이 성공한 삶이라고 여겨왔다. 그러나 자신의 의지와 관계없이 직장을 떠나거나 불경기로 사업에 어려움을 겪고 있는 장년세대 앞에 놓인 것은 고령화와 장기 저성장 시대이다. 이제 경쟁력 회복력은 저하되고 좋은 일자리는 줄어들고 돈 벌 수 있는 기회도 줄어들 수밖에 없다. 이런 현실에서 장년세대가 과거와 같이 재무적 성공만을 추구하는 것은 무모한 짓이다. 반면에 재무적 성취만이 성공이고 돈이 없어서 불행하다면 이 땅의 수많은 서민 중산층의 삶을 부정하는 것이다. 돈 문제를 정리하지 않고는 온전한 전환을 할 수가 없다.

돈 문제는 필요와 욕망의 함수관계로 설명할 수 있다. 늘 나의 욕망에 비해 부족한 돈 때문에 우리는 돈이 없다고 생각한다. 그리고 돈만 많다면 아무 문제없을 것이라고 생각한다. 과연 그럴까?

일단 무한욕망은 채워질 수 없는 것이기에 논할 필요가 없다. 그 다음으로 생각할 수 있는 욕망의 허상은 바로 상대적인 우위에 대한 욕구이다. 더 큰 집, 더 좋은 차, 명품, 더 비싼 것들. 진정 내가 원하는 그 무엇이 아닌 타인에게 보여주고 싶은 상대적

과시욕구인 것이다. 이 또한 대부분의 사람들에게 채워지기 힘든 것들이다.

극소수 부유층과 취약계층을 제외한 대부분의 사람들의 경제 상황은 필요와 욕망 사이에 존재한다. 지금까지 우리는 무한욕망과 무한소유를 추구하는 삶을 살아왔다. 돈과 경제문제로 인한 스트레스는 나의 경제력과 욕망의 괴리가 클수록 비례하여 증가한다. 그러나 이제 나의 부를 키우기에는 점점 어려운 상황에 접어들고 있기 때문에 우리가 돈 문제로 인한 스트레스에서 벗어나기 위해서는 욕망을 줄이고 우리의 삶을 저비용 구조로 바꿔야 한다. 허상의 욕망을 따라 부를 키우는 것이 아니라, 내게 허용된 경제력 범위 내에서 절제된 욕망을 충족시키는 소비가 필요하다. 제한적 상황, 어려운 상황임에도 불구하고 로망을 추구하는 합리적 소비, 스마트한 소비가 요구된다.

2014년 일본에서 출간된 『소비를 그만두다』(히라카와 가쓰미, 더숲)는 저성장 시대의 해법으로 '탈소비'를 제시한다. 저자가 말하는 '탈소비'란 모든 소비를 중단하자는 얘기가 아니다. "돈에게 모든 것을 맡기는 태도는 돈이 가질 수 있는 모든 리스크를 떠안는 대단히 위험한 행위"이므로 돈에 대한 의존도를 낮추는 방식으로 소비 패턴을 바꾸자는 얘기다.

일부 극소수의 부유층을 제외한 대부분의 서민 중산층은 개인이 벌어놓은 돈으로 온전히 자신의 노후를 책임지기 힘든 것이 지금의 현실이다. 그래서 지금이 그 어느 때보다 공동체에 대한 관심이 필요한 시기다. 삶의 가치를 공유하는 사람들이 함께 연대하고 협력하여 더불어 살 수 있다면, 우리의 삶은 비록 돈은 많지 않아도 더 행복하게 살 수 있을 것이다.

이제 우리가 중요하게 생각하는 삶의 가치를 돈에서 사람으로 전환하여야 한다. 저성장 시대의 키워드인 미니멀리즘, 탈소비, 공동체, 마을을 생각해보아야 할 때이다.

5

목표의 전환

모든 것은 순환한다. 경제도 상승과 하강, 성장과 침체를 반복한다. 경기순환(business cycle)이란 전체적인 경제활동 수준이 주기적으로 상승과 하강을 반복하는 현상을 말한다. 많은 사람들이 지금을 저성장 시대라고 이야기한다. 그것도 언제 끝날지 모르기 때문에 장기 저성장 시대라고 말한다. 기업이든 개인이든 고성장 시대를 살아가는 방법과 저성장 시대를 살아가는 방법이 같을 수 없다. 경기순환주기에 맞춰 적절한 대응을 해야 살아남을 수 있다.

인간의 삶도 마찬가지다. 고령화로 인간의 수명이 아무리 늘어난다 한들 삶과 죽음의 순환을 피할 수는 없다. 100세 인생을 가정한다 해도 전반의 50수가 성장기/상승기라고 하면, 후반의 50수는 침체기/하강기라고 보아야 한다.

상승기 삶의 목표는 당연히 최대의 '성과'를 창출해내는 것이다. 한두 번 실패한다 한들 회복력이 뛰어나기 때문에 하이 리스크/하이 리턴(High Risk/High Return)의 선택을 할 수 있다. 그러나 하강기에도 같은 삶의 목표와 행동패턴을 지속하는 것은 매우 위험하다. 후반기 삶의 목표는 '위험'을 줄이는 것이 되어야 한다.

	전반기 50	후반기 50
경기순환주기	상승기, 성장기	하강기, 침체기
관리목표	성과관리	위험관리
중요지표	속도, 효율	방향, 조화, 성숙

왜 인생 후반기 삶의 관리목표가 성과관리에서 위험관리가 되어야 하는가 그 이유에 대해 생각해보자. 당연히 고령화사회의 가장 큰 위험요인이 바로 장수 리스크이기 때문이다.

나고 죽는 것은 신의 영역이고 주어진 삶을 겸허하게 받아들이는 것이 우리 인간이 할 수 있는 일일 것이다. 앞에서도 이야기했듯이 어머니 세대도 길어야 인생 80을 예상하고 당당히 홀로 사는 삶을 선택했다. 그러나 어디 인생이 내 뜻대로 되던가… 많은 어머니들은 그 나이를 훌쩍 넘기셨고 준비하지 못했던 여러 가지 삶의 위험에 노출되어 존엄을 상실한 노년을 보내고 있으며, 그 심리적 아픔은 물론 경제적 어려움까지 본인을 넘어 가족들에게 전가되고 있는 것이 지금의 현실이다.

인생, 사람마다 여러 해석이 있겠지만 끝이 좋아야 아름다운 인생이라 할 수 있다. 어머니가 좋아하시는 천상병 시인의 시처럼 "나 하늘로 돌아가리라 아름다운 이 세상 소풍 끝내는 날 가서, 아름다웠다고 말하리라"라고 말할 수 있다면 바로 그것이 아름다운 인생일 것이다. 그러나 세상에 그런 어른이 그리 많지 않다.

전반생이 최대한의 성과를 내기 위해 속도와 효율을 극대화하는 삶이라면, 후반생은 존엄한 노년을 지키기 위해 위험을 관리하는 노력이 요구된다. 자신이 중요하게 생각하는 삶의 가치를 명확히 하고 그 방향에 맞춰 자신의 일과 재무, 건강 그리고 가족, 이웃, 사회와의 관계를 조화롭게 이루어 나가야 한다. 그렇게 살아갈 때, 우리는 이 사회에 짐이 되는 노인이 아니라 힘이 되는 어른이 될 수 있을 것이다.

6

일의 전환

우리 세대 전반생의 키워드는 아마도 내 집 마련과 자녀교육이 아닐까 싶다. 고도성장기 집은 최고의 투자처이자 부의 상징이며 은퇴 후 노후자금이다. 그리고 성공한 자녀는 부모의 자부심이자 노후를 대비한 보험이었다. 그래서 우리는 집을 사고 넓히는 데, 아이들을 좋은 학교 보내는 데 모든 투자를 아끼지 않았다. 나와 내 가족의 행복을 위해 집을 마련하고 자녀에게 좋은 교육을 제공하는 것은 가장으로서 당연히 받아들여야 할 신성한 의무라 여겼다.

그래서 열심히 일했다. 힘이 들지만 그래도 나만은 언젠가 성공한 부자의 대열에 들어갈 수 있다는 희망을 잃지 않았다. 그러나 언제부터인가 그 희망은 점점 불안으로 변하기 시작했다. 부자의 꿈을 품고 힘든 줄 모르고 했던 일은 어느덧 그저 먹고 살기 위해서 하는 일이 되었다.

이제 은퇴해도 쉴 수 없는 반퇴시대가 되었다. 100세 수명을 바라보는데 제대로 노후 자금을 마련하지 못한 상태에서 조기퇴직에 몰리다 보니 '어쩔 수 없이' 반퇴의 길로 접어드는 것이다.

반퇴시대 등장 배경과 특징

기존 은퇴세대		향후 반퇴세대
고금리(7~10%), 고성장(7~10%)	경제환경	저금리(1~2%), 저성장(2~3%)
61.9세(1970년 기준)	기대수명	81.9세(2013년 기준)
10~20년	퇴직 후 노후기간	30~40년
집값 꾸준히 상승	부동산 가치	집값 하락안정 추세
필요성 낮음	연금 필요성	생존 위해 필수
수명 짧아 부담 적음	의료비 지출	70세 이후 부담 급증
부모 부양 자녀 많아	자녀 도움	기대하기 어려움

50대 초중반에 직장에서 은퇴해도 생계를 위해 무슨 일이든 해야 하는 상황이다. 그러나 안타깝게도 반퇴세대를 위한 좋은 일자리는 없다. 상용직보다는 임시직이 대부분이며, 소득은 점점 줄어들고 그나마도 시간이 지날수록 구하기 힘들어진다.

그야말로 먹고 살기 위한 돈벌이가 되면서 우리의 일은 형벌과 고행이 되어버렸다. 이 고행에서 벗어날 방법은 없을까?

단순히 경제적 소득만을 위해 먹고사니즘으로 일하는 것도 불행하지만, 경제적 여유가 있다 해서 일 없이 소일하며 사는 삶 또한 행복하다고 할 수 없다.

일의 의미를 다시 한 번 확인해보자. 나이가 들어도 일은 다양한 욕구충족의 매개가 될 수 있다. 일이란 개인적 차원에서 ① 소득원 확보 ② 자존감과 정체감의 부여 ③ 사회관계망의 유지 ④ 신체 및 정서적 건강 유지 ⑤ 사회공헌 또는 여가활동의 기회를 제공한다. 또한 장·노년세대의 경제활동은 노인을 사회의 짐으로 바라보는 부정적 인식의 개선을 도모하고 나아가 국가의 생산성 제고와 사회보장비용 절감효과까지도 얻을 수 있다.

전반생의 일은 그 어떤 것보다 소득의 극대화가 최상의 목표였다면, 후반생의 일은 일을 통해서 얻을 수 있는 다양한 의미와 자신이 소중히 여기는 가치를 조화롭게 이룰 수 있는 일이어야 한다.

"지금 여러분의 삶은 어떤가요? 매연으로 가득한 도시에서 야근과 잔업을 밥 먹듯이 하고 있지 않나요? 주 5일 동안 마음에 들지 않는 일을 하거나 반사회적이기까지 한 '밥벌이'를 하면서 돈을 법니다. 주중의 '자기 희생'을 보상받고 '사회적 속죄'를 하기 위해 주말에는 취미활동을 하거나, 가족과 시간을 보내거나 혹은 자원봉사 등으로 '더 바쁘게' 보냅니다. 스트레스가 풀리기는커녕 더 쌓입니다. 이를 해소하기 위해 더 자극적인 주말활동이 필요하고 결국 돈이 더 필요해 주중에 더욱 열심히 일을 해야 하는 악순환이 계속됩니다."

일본의 적정기술 전문가이자 '일본 최고의 발명가'로 불리는 후지무라 야스유키의 책 『3만엔 비즈니스, 적게 일하고 더 행복하기』에 나오는 글이다.

매우 공감이 가는 내용이다. 우리는 지금까지 일과 삶이 분리된 생활을 해왔다. 앞에서 '가치의 전환'을 이야기했다. 후반생의 일은 비록 소득은 적더라도 그 가치에 부합되는 일을 하여야 한다. 재미있고 의미 있는 일이어야 한다. 이외에도 후반생의 일을 준비하고 선택하는 데 중요하게 고려해야 할 사항을 정리해본다.

· 현실을 인정하자

먼저 소득창출을 위한 경제활동으로 일을 찾을 때 가장 먼저 생각할 것은 눈높이를 낮추는 것이다. 내가 추구하는 가치에 부합한다면 파트타임을 마다할 이유가 없다. 자신의 경력을 활용하는 일이 아닌 새로운 일을 시작하는 것이라면 더더욱 학습기간을 고려해야 한다. 오랜 불경기와 저성장 시대로 지금은 사회 전반적으로 좋은 일자리가 줄어들고 있다. 당연히 50+세대가 찾을 수 있는 일자리도 정규직보다는 비정규직, 파트타임잡, 인턴직, 공공일자리 등이 대부분이다. 과거 현역 시절의 직위, 소득과 비교하면 자괴감이 들 수도 있다. 그러나 저금리시대 소득의 절대금액보다는 안정적인 캐시플로를 구성하는 것이 중요하다. 월 60시간 근무 50만 원의 파트타임잡은 4억 원의 정기예금 금리와 맞먹는다. 소비를 줄이고 우리의 삶을 저비용 구조로 전환한다면 작은 소득도 절대 무시할 수 없다. 후반생의 일자리는 비록 당장의 소득이 적더라도 내가 의미와 보람을 찾을 수 있는 일, 새로운 기술과 경험을 익힐 수 있는 일, 앞으로 길게 할 수 있는 일을 찾아야 한다.

· 직장인에서 생활인으로 거듭나기

이것은 남성들을 위한 이야기이다. 돈 버는 것도 중요하지만 일상 생활기술을 익히는 것 또한 매우 중요하다. 즉, 밥해 먹고 청소하고 빨래하고 살림하는 일을 말한다. 우리나라 대부분의 남성들이 아내들의 무임금 가사노동에 의존해왔던 일이다. 노년에 자녀들이 독립하고 부부만 남아 함께 살면서 발생하는 커다란 갈등 원인 중 하나가 가사 분담에 소극적인 남편들에 대한 아내들의 불만이다.

현실적으로도 우리 사회 가장 큰 고위험군은 바로 50대 남성 1인 가구이다. 독거어르신은 그래도 노인복지 영역에서 최소한의 관리가 이루어지지만 중장년 1인 가구들은 관리의 사각지대에 놓여 있다. 50대의 고독사가 가장 많다는 것이 그 사실을 증명하고 있다. 이혼, 비혼, 기러기, 주말부부 등 사연은 다양하다. 일부 깔끔한 성격의 소유자도 있지만 대부분 살림을 안 해본 사람들이고 어떻게 해야 할지를 몰라 일상생활에서 어려움을 겪고 있다.

후반생의 관리목표는 성과가 아닌 위험에 대비하는 것이다. 노년에 원만한 부부관계를 위해서도, 만약에 홀로 남았을 경우를 대비하기 위해서도 남성들은 생활인으로 거듭나야 한다.

다음으로 혼자서 할 수 있는 일상기술 하나쯤은 익혀야 한다. 일반 사무직 근로자의 경우 아무리 잘 나갔던 전문적이라 한들 조직을 떠나서는 소용이 없다. 좋아하는 일을 취미로 시작해서 전문성을 키워나가는 것도 좋다. 이왕이면 머리보다는 손과 몸을 쓰는 일이면 더욱 좋다.

· 제3섹터에 주목하라!

제3섹터는 비영리단체인 NPO(Non Profit Organization)와 NGO, 그리고 협동조합, 마을기업, 사회적 기업 등 시민들이 스스로 해내는 시민사회 영역을 말한다. 정부(제1섹터)와 시장(제2섹터) 사이의 대안적 영역을 가리키는 것으로 오랜 기간 조합이나 비영리조직의 형태로 정부와 시장이 감당하지 못하는 다양한 문제를 해결해왔다. 최근 들어 글로벌화, 경제위기, 인구고령화 등 환경변화에 따라 점점 중요성이 커지고 있으며 자본주의적 모순을 해결할 한 가지 대안으로까지 거론되고 있다.

제3섹터가 인생 2막을 준비 중인 시니어의 새로운 활동영역으로 주목받고 있다. 100세 시대 은퇴 후 남은 삶은 개인을 넘어 사회와 국가의 고민거리가 되었다. 특히 베이비부머 퇴직자들이 매년 쏟아지는 추세지만 국가적 · 사회적 대비는 부족한 상태. 그래서 사회 공헌활동과 재취업을 동시에 할 수 있는 '제3섹터'가 대안으로 떠오르고 있다.

우리나라에 베이비붐 세대가 있다면, 일본에는 단카이 세대(1947~1949년 사이 출생자)가 있다. 단카이 세대의 은퇴와 고령사회 문제는 우리보다 10년 전부터 문제가 되어왔다. 하지만 단카이 세대는 'NPO 활동'을 통해 문제를 스스로 풀어나갔다. 일본에서 60대 이상 시니어들이 설립한 NPO는 무려 2만 개. 이 활동은 옆집에 도움을 줄 수 있는 아주 사소한 일부터 지역사회의 일까지 범위가 다양하다.

한국에서는 협동조합이 붐이다. 2012년 협동조합기본법이 통과된 후 협동조합을 만들어 인생 2막을 준비하는 시니어들이 급격히 늘고 있다. 기존의 경제 시스템에 대한 새로운 대안을 찾던 이들이 하나둘 협동조합으로 눈을 돌리고 있다. 이는 어쩌면 시니어들이 은퇴 후 뜻깊은 인생을 설계할 수 있는 하나의 길이 될지도 모른다.

고령화시대 은퇴는 일에서 물러나는 것이 아니라 새로운 일의 시작이어야 한다. 그 일은 내가 하고 싶은 일, 의미 있는 일, 보람 있는 일이어야 한다. 나이 들어 일손을 놓으면 더 빨리 늙는다고 한다. 사람은 일을 통해 소득 외에도 존재의 이유와 삶의 활력을 얻는다. 건강하고 활기찬 노후를 위해서라도 일을 하여야 한다. 노후에 일을 하면 사회적 관계도 유지할 수 있을 뿐 아니라 일에 대한 몰입이 건강을 가져온다.

『마흔 이후, 누구와 살 것인가』

이 내용은 2016년 9월 6일부터 10월 13일까지 서울시50플러스재단의 후원으로 더함플러스협동조합이 주관하여 진행했던 '50+세대를 위한 주거전환강좌' 프로그램 중 문화콘텐츠를 통해 바라본 시니어 주거 이야기 강좌 후기이다.

|책소개|

마흔 이후 삶의 방식, 공동거주 리얼 체험담!

성숙한 '함께 살기' 매뉴얼 『마흔 이후, 누구와 살것인가』(심플라이프). 혼자 사는 사람들은 마흔 이후 어떻게, 누구와 살 것인가? 이 책은 이 대답에 답을 하고자 캐런, 루이즈, 진 세 명의 저자가 '은퇴 후의 삶'을 놓고 진지한 토론을 벌인 후 10년을 함께 보낸 공동거주 리얼 체험담이다. 공동거주 준비단계부터 챙겨야 할 사소한 것, 가치관의 충돌까지 정교하게 기록되어 있다. 세 사람의 인생관과 곳곳에 넘쳐나는 유머 덕분에 흥미롭게 읽을 수 있다.

총 16장에 걸쳐 저자들이 만난 과정과 함께 살 집을 구하고 돈을 마련하며 재산 분배, 공동협약서 작성, 노동력 분배, 사생활의 경계 등을 정하는 일상을 고스란히 공개한다. 특히 이들은 심리적 · 정서적 측면에 많은 부분을 할애한다. 함께 살 때 성격의 문제와 가치관의 차이에서 오는 문제가 많은 것으로 볼 때 가장 중요한 부분이라 할 수 있다. 갈등을 조정하고 합의를 이뤄내는 커뮤니케이션, 인간관계의 거리 유지, 가치 공유의 중요성과 의사결정 과정의 합의와 수긍 등 성숙한 자세 등이 자세히 소개되어 있다.

2016년 9월 27일은 다섯 번째 프로그램으로 문화콘텐츠를 통해 바라본 시니어 주거 이야기 첫번째 시간, 북토크가 진행되었다. 대상도서는 『마흔 이후, 누구와 살 것인가』(심플라이프)였다.

이 책은 2015년 독립여성 공동체주거 프로젝트 진행 때문에 잠시 함께 일하던 여성 청년활동가로부터 선물을 받은 책이다. 그는 미혼으로 별 관심이 없었다가 나 때문에 다시 읽게 되었고, 다시 보니 또 새롭다며 나에게 선물로 사주었다.

더함플러스는 협동조합 방식으로 시니어의 공동체주거를 알리고 돕는 일을 하고 있다.

시니어+공동체+주거+협동조합=더함플러스

사회적 경제 4대 난제가 모두 더해진 것이 우리 더함플러스가 하고자 하는 일이다. 오랜 시간 이 어려운 문제를 어떻게 풀어야 하나 하며, 갈피를 못 잡던 상황에서 우리에게 돌파구를 찾게 해주었던 책이다. 동서양의 문화적 차이는 있지만 공동체주거의 제반 이슈를 거의 모두 다루고 있다. 뿐만 아니라 10년을 성공적으로 살아온 당사자들의 노하우가 담긴 책이다.

이날 한 수강생이 발제를 해주었다. 그는 수목장운동, 출판기획, 사회복지, 협동조합 등 다양한 분야에 걸쳐 활동을 하고 있고 일찍이 객지생활을 해온 분이라서 그런지 책의 내용에 별 거부감 없이 대체로 공감을 하셨다.

이 토론에서는 예상대로 협약서에 대한 다양한 의견이 있었다. 예상되는 위험을 사전에 인지하고 공유하는 과정을 통해 공동체주택 입주자 스스로를 보호하기 위해 필요하다는 의견이 있는 반면, 계약이나 규약이 근본적인 보호수단이 될 수 없다는 상반된 의견이 있었다.

무엇이 정답일까? 둘 다 맞을 수도 있고, 아닐 수도 있다. 그때 그때 달라요가 정답이라고 할 수 있다. 공동체주택은 복제될 수 없다. 어떤 구성원들이 어떻게 모였는가에 따라 디테일한 계약이나 규약이 필요한 경우가 있는 반면에, 그런 것 없이도 잘 운영될 수 있는 공동체도 있다.

이외에도 이 책에서는 혼자가 아닌 더불어 사는 삶에 관계된 모든 현실적 이슈를 다루고 있다. 그중에서도 저는 이들이 협동주택을 생각하게 된 동기에 크게 공감을 했다.

"우리 대부분은 도움을 받으며 살고 싶지 않고, 혼자 살고 싶지도 않다. 노인주택도 그리 달갑지 않다."

"혼자 살지 않으면서도 프라이버시를 지킬 수 있는 방법은 없을까?"

“집이란 존엄을 지키며 나이 들기에 가장 적절한 곳”

의기가 투합한 이들은 협동주택을 추진하면서 지켜야 할 원칙을 합의해 나간다. 그중에서 기억에 남는 것은 “라이프스타일을 하향 조정하지 않는다”라는 원칙이다.

공동체주거가 우리 삶의 질을 다운시키는 것이 되어서는 안 된다. 아무리 현실이 절망스럽다 하더라도 우리는 로망을 잃지 말아야 한다. 혼자서는 어렵겠지만 함께라면 가능하다.

또 하나 이 책에서 중요하게 배울 점은 적극적 소통과 민주적 의사결정을 통한 경계를 설정해가는 것이다. 대부분의 사람들은 다 큰 성인들이 함께 산다는 것은 매우 힘들거나 심지어는 불가능하다고 생각한다. 그러나 이 현명한 세 여성은 지혜롭게 프라이버시를 보호하면서도 함께 사는 즐거움을 만끽할 수 있는 경계를 찾았고, 그 안에서 새로운 자유를 누리며 살아가고 있습니다.

이 책에 보면 다음과 같은 재미있는 추천사가 있다.

“남성들이여, 이 책을 여러분의 부인에게서 멀찌감치 떨어뜨려놓으라.”

나는 다음과 같은 추천의 글을 남기고 싶다.

“이 책을 보지 않은 사람들과 공동체주거를 논하지 마라.”

4부

함께라서 즐거운 '행복한 집짓기'

1

공동체주택의 확산이 더딘 이유

나와 우리 조합원들은 고령화에 따라 길어진 노년의 삶을 고민하는 중장년 1~2인 가구의 주거문제에 주목하고 있다. 더함플러스는 도시의 중장년 1~2인 가구가 소규모로 모여 협동조합형 공유주택을 설립하여 함께 사는 공동체주거가 고령사회를 대비한 실용적 노후주거의 대안이 될 수 있다고 생각한다.

공동체주거는 주거비 절감, 입주자간 사회적 상호작용 증대를 통한 거주의 안정성 강화라는 커다란 장점을 제공한다. 그러나 공동체주거의 이러한 장점에도 불구하고 시니어 세대를 위한 공동체주택은 공급도 많지 않고, 공동체주택에 사는 시니어 또한 극히 소수에 불과하다. 그 원인에 대해 연구한 결과 우리는 현 시장상황과 고객의 요구에 커다란 갭이 존재하고 있음을 알게 되었다.

현재 공동체주택은 공급자 주도로 개발하여 임대 및 분양을 하는 구조이다. 청년 세대를 위한 임대형 셰어하우스와 중산층을 위한 분양형 코하우징 주택으로 구분된다. 그러나 시니어의 경우 사생활 보호가 될 수 있는 독립된 공간을 원하기 때문에 청년층을 대상으로 하는 임대형 셰어하우스는 공간구조가 적합하지 않으며, 시간이 갈수록 소득이 줄어드는 상황에서 적지 않은 월세를 부담하여야 하는 임대주택 또한 원치 않는다. 분양형 코하우징 주택은 수도권에서 추진할 경우 적어도 3억 원 이상의 많은 자금을 필요로 한다. 그런데도 누구와 어떤 삶을 살게 될 것인지 사전에 알 수 없는 불확실성 때문에 결정을 주저하게 된다.

시니어에게 적합한 공동체주택의 형태는 세대별로 2억 원 정도를 출자하여 공동으로 소유하고 안정적 거주권을 지니는 협동조합형 공유주택이다. 공간구조는 독립된 원룸형태의 세대별 공간과 입주자의 공통의 요구에 따라 결정된 커뮤니티 공간으로 구성하는 것이 바람직하다.

이 경우 지금과 같은 공급자 중심 시장구조로는 대응이 어렵다. 물리적인 주택 공급 이전에 구체적인 주거공유의 목적에 따라 충분한 시간을 가지고 입주자 커뮤니티를 구성하여야 한다. 그리고 개인의 자유와 사생활도 보호되며, 공동체주거의 장점도 누릴 수 있는 공간의 모습도 보여줄 수 있어야 한다.

시니어 세대가 공동체주거로 전환하는 것은 단순히 집을 장만하는 것과는 차원이 다르다. 은퇴 후 삶을 어디서 누구와 무엇을 하며 살지에 대해 고민하고 그 결과를 실천하는 것이다. 따라서 그러한 고민과 관심을 서로 나누고 관계를 맺고 발전시킬 수 있는 '공론의 장'의 필요하다. 또한 사전 준비단계에서 안전하게 참여할 수 있는 프로그램과 이해관계로부터 독립적인 코디네이터가 있어야 한다.

그러나 아쉽게도 지금은 그러한 고민과 관심을 발전시킬 공간도 프로그램도 없다. 더함플러스에서는 그러한 작업이 원활히 이루어질 수 있도록 시니어들이 원하는 공간구조가 반영된 모델하우스를 겸한 복합공간을 마련하여, 그곳을 플랫폼으로 하여 시니어 공동체주거에 관한 다양한 프로그램을 운영함으로써 자발적 추진 주체를 양성하고 소비자 주도형 공동체주거를 확산해 나아가고자 한다.

4부에서는 실제 공동체주택으로 주거를 전환하고자 하는 분들이 진행단계별로 한번쯤은 꼭 생각해보아야 할 사항들을 주제별로 정리했다.

2

공동체주택은
'위험한 집'

지금부터는 실제 공동체주택으로 주거를 바꾸고자 하는 분들을 대상으로 이야기를 하려고 한다. 책의 앞부분에서는 공동체주택의 비전에 대해 이야기했다면, 이제는 냉정한 현실에 대해 이야기하고자 한다. 공동체주택은 '위험한 집'이다. 무슨 말을 하려는 걸까?

첫째, 매우 피곤하다.

내 마음대로 할 수 있는 것이 하나도 없다. 작은 일부터 큰 일까지 하나하나 모두가 공유하고 협의해서 결정을 해야 한다. 더디다. 가끔 이해 안 되는 행동을 하는 사람들을 보면 짜증이 나기도 한다. 먹고 살기도 바쁜데 황금 같은 주말에 매주 모임을 하자고 한다. 모임에 나가면 매번 늦는 사람들 때문에 30분은 기본이고 가끔은 1시간 이상 시간을 허비하기도 한다. 모임을 운영하려면 공통비용 관리도 하고 회의록도 정리해야 하며 여기저기 관계기관 및 관계자들과 연락도 하고 협의도 해야 하고 이런저런 일들이 많은데, 일 하는 사람만 바쁘고 몇몇 사람은 별로 하는 일이 없어 보인다. 이걸 말을 해야 하나 말아야 하나 고민이 된다. 과연 집을 지을 수 있을까? 이 사람들과 잘살 수 있을까? 이건 괜한 짓 한 거 아닌가? 한번 복잡해진 생각은 끊임없는 염려로 이어진다.

둘째, 싼 집이 아니다. 아니 오히려 비쌀 수도 있다.

코하우징 형태의 공동체주택을 지을 경우, 세대별 주거공간과 별도로 커뮤니티 공간을 마련하여야 한다. 이 커뮤니티 공간에 대한 비용은 모두 참여자들이 분담해야 하는 금액이다. 다음으로 공동체주택은 일반 다세대나 빌라와 같이 개별 세대 맞춤형 설계를 적용하기 때문에 상대적으로 많은 설계비가 들어간다. 최소 50년 이상의 수명을 생각하고 집을 지으려면 적정 공사비를 반영하여야 한다. 이런 상황을 종합해보았을 때 공동체주택은 일반주택보다 결코 싼 집이 아니다.

셋째, 모두를 위한 집이 아니다.

공동체주택은 나 혼자 사는 집이 아니라 이웃과 마을과 관계 속에 살아가는 집이다. 따라서 공동체주택을 선택하기에 앞서 나는 공동체주거에 적합한 사람인가를 스스로 생각해볼 필요가 있다.

그래서 신중하게 결정하여야 한다. 충분히 생각하고 그럼에도 불구하고 내가 공동체주택에 살아야 하는 이유를 분명히 하여야 한다. 그런 사람들이라면 쉽지 않은 주거전환 과정을 '행복한 집짓기'로 즐길 수 있다.

공동체주택에 살아야 하는 이유가 분명한 사람들에게 공동체주택 추진과정은 서로를 알아가고 공동체를 숙성시키는 즐거운 시간이다. 혼자라면 할 수 없지만 함께라서 가능한 다양한 상황들을 경험하게 된다. 그러한 경험들은 공동체를 더욱 탄탄하게 한다. 공동체는 숙성의 시간과 노력을 필요로 한다. 함께한 사람들의 시간, 마음, 술잔, 스토리로 빚어가는 것이다.

우리는 주택의 경제적 교환가치에만 익숙하다. 그러나 공동체주택에는 경제적 교환가치로 환산할 수 없는 소중한 공동체의 가치가 있다. 집값만 소중히 여기는 사람들에게 공동체주택은 비합리적 선택이다. 그러나 공동체의 가치를 소중히 여기는 사람들에게 공동체주택은 너무도 당연한 선택인 것이다.

이와 관련하여 내 아내의 글을 소개하고자 한다.

사람들의 생각이 모두 같지는 않다 하지만, 같은 것을 원하는 사람이 많아 경쟁이 일어나고 싸움이 생기는 것을 보면, 우린 어쩌면 아주 비슷한 가치를 지녔다 싶고 또 그래서 이 사회에 보편타당한 것들이 존재하여 사회가 유지되는구나 싶다.

공동체주택을 생각하고 있다고 주변에 이야기를 했을 때, 다들 뜨아한 표정을 지으며 한 말이 "생각대로 되면 좋겠지만…" 이었다. 말은 안 했지만 뭔가 문제가 있을 것 같고 실패할 공산이 크다는 말을 차마 하지는 못하는 그런 느낌.

1년여가 흘러 집이 다 지어지고 이사를 한 후 지인들의 방문이 이어졌다. 그들의 공통적인 반응이 있다. 우리집만 와본 사람들은 하천이 내려다 보이고 북한산 꼭대기가 조금 보이는 우리집 거실 풍경에도 "우와~" 하면서 감탄을 하지만 3층과 4층 집을 가본 사람들은 다들 똑같은 것을 물어본다.

층별로 가격에 차이가 있는지, 그 차이를 어떻게 합의하여 정했는지, 층과 호수 배정을 어떻게 진행했는지가 그것이다. 이런저런 대답을 해주면 그들이 마지막으로 하는 말은 "팀장님이 공동체를 위해 희생을 했네요~"이다.

그도 그럴 것이 우리집 주방 창문의 90%는 옆집 식당 간판이 가리고 있고 하얀 페인트가 여기저기 벗겨져 가까이서 보면 흉물스럽기까지 하다. 또 2층 테라스 아래가 하천부지이지만 불법 점유한 가건물이 있고 심지어 그 가건물은 옆집 식당 손님을 위한 화장실이다.

그에 비해 3층에서는 넓은 테라스 너머로 북한산 백운대부터 의상능선까지가 시원하게 한 눈에 보인다. 4층은 또 어떤가, 문을 열고 나가면 넓게 연결된 테라스에 장독대를 두고 따가운 가을볕에 빨래를 널 수 있고, 동그란 테이블에 밥상을 차려 한 순간에 펜션에 놀러온 분위기를 낼 수도 있다.

이렇게 쓰고 보니 그래 그럴만 하다 싶다. 솔직히 말하면 나도 그런 생각했던 때가 있었다. 처음 2층을 선택했을 때 가장 큰 이유는 연로하신 시어머니를 생각해서였다. 엘리베이터가 설치되어 있지만 혹시 모를 고장도 걱정이고, 유지보수를 요청해도 엘리베이터가 딱 하나 있는 시골마을에 얼마나 빨리 AS 인력이 출동해줄 것인가 하는 염려가 있었다.

이런 좋은 마음으로 "2층으로 해요"라는 말은 했지만 나라고 왜 멋진 경치를 가진 3층, 4층이 부럽지 않았겠는가. 솔직히 말해 지금도 부럽다. 내 전화기에는 3층 이웃이 톡에 올려준 테라스에서 본 북한산 경치 사진이 저장되어 있다. 어떤 곳에 사느냐는 사람들의 질문을 받으면 자랑스럽게 그 사진을 보여주며 이런 뷰가 보인다고 한다. 물론 우리 집이 아니라는 말은 하지 않는다.

이사를 온 지 두 달이 되어간다. 이사를 막 왔을 때는 녹음이 울창한 여름이었다. 1층에 혜화나무 가지와 잎이 무성하여 거실에 앉으면 나뭇잎만 보였다. 하지만 다르게 생각하면 다른 세상이 된다. 다르게 말해보았다.

우리집에서는 바람이 보인다. 진짜 바람이 보인다. 나뭇잎 사이로 흐르는 바람 말이다. 나뭇잎만 들어올리며 지나가는 바람 말이다. 지금은 가을이다. 한껏 푸르름을 자랑하던 나뭇잎이 하나 둘 떨어지고 있다. 가느다란 가지만 남기고 나뭇잎이 다 떨어지고 나면 우리집에서도 겨울 한 계절 동안은 멀리 있는 북한산을 한 눈에 볼 수 있을 것이다.

사람에 따라선 그런 억지가 어디 있냐 할 사람이 있겠으나 사람은 다 다르다. 다시 층과 호수 배정을 한다면 어떻게 하겠냐고 물어도 난 2층 우리집으로 하겠다 싶다.

늦잠자기 좋아하는 딸 아이의 방은 서향이라 이른 아침의 눈부신 햇살이 없으니 좋고, 하천의 물소리, 도로의 차소리 등으로 시끄러운 하천 방향은 귀 어두우신 어머니 방이라 아무 문제없고, 귀가 밝은 내 방은 양쪽 방 사이에 있어 조용하기까지 하니 더 좋다.

13층 아파트에 살 때보다 2층에 사는 지금이 훨씬 안정감이 느껴지고 집에 있는 시간이 편안하다. 명확한 근거는 없지만 땅에서 가까워 땅의 기운이 느껴지는 것이 아닌가 하는 이야기를 아이와 남편과 같이 한 적이 있다.

"어떻게 2층에 살겠다 결정할 수 있었어요?" 라는 질문에 딱 맞는 대답은 아니라 하겠으나 집이 사는(buy) 것이 아닌 사는(live) 곳 이라서 결정할 수 있었고, 그 결정이 지금 매우 만족스럽다고 자신있게 말할 수 있다.

사람은 똑같지 않고 무엇인가에 대한 가치는 내가 결정하는 것이다. 다른 사람의 것과 비교하여 무엇이 부족한가에 집중하기보다 내가 가치를 부여하고, 내 가치에 적합한 것을 찾아내는 것이 좋다. 이런 내 생각을 응원해주고 지지해준 딸아이와 남편이 자랑스럽고, 병원과 생활 편의시설이 가까이 없어 불편한 생활에도 불구하고 공기 좋은 곳이 좋다 하시는 멋진 시어머니를 존경한다.

그렇다. 우리는 그렇게 각자의 집을 정했다. 공동체주택이란 공동체의 가치를 소중하게 생각하는 사람들의 실용적인 주택이다. 주택의 가치만을 생각하면 불가능할 것 같은 일이지만, 공동체의 가치를 생각한다면 그렇게 어려운 일도 아니다. 우리는 모두 특별한 이웃으로 함께 살기를 원했고, 집을 짓는 오랜 시간을 함께하면서 때론 힘들고 어려웠지만 슬기롭게 극복했으며, 내 집과 남의 집이 아닌, 내 집과 ○○○네 집, 그리고 우리 집으로 살고 있다.

3

지금 시작하라

더함플러스협동조합은 올해 수도권 중장년세대를 대상으로 공동체주택에 대한 소비자인식조사를 실시하였다. 여러 가지 의미 있는 조사결과가 나왔지만 그중 하나는 바로 전환시기에 대한 조사결과다.

공동체주택에 대해 긍정적 인식을 가진 사람들조차도 전환시기를 물으니 은퇴 후, 나중에 홀로 되었을 때, 또는 부부만 남았을 때… 이와 같은 응답이 나왔다.

향후 공동체주택 전환 시점을 분석한 결과, 자녀들 독립 후 부부만 남았을 때(30.1%) 〉 나중에 홀로 되었을 때 (28.9%) 〉 경

제활동에서 은퇴 이후 (27.3%) 순으로 나타났다. (n=256)

구분	빈도	비율
지금 당장	8	3.1%
경제활동에서 은퇴 이후	70	27.3%
나중에 홀로 되었을 때	74	28.9%
자녀들 독립 후 부부만 남았을 때	**77**	**30.1%**
전혀 고려하지 않음	23	9.0%
기타	4	1.6%

수도권 중장년세대를 대상으로 한 공동체주택 소비자인식조사(2016, 더함플러스협동조합)

즉 지금은 아니라는 것이 대부분의 의견이었다. 우리는 이 응답의 이면을 확인할 필요가 있다. 아직은 지금 사는 집과 생활이 익숙하고 편하기 때문에 지금 당장 주거를 전환하여야 할 만큼 절박한 이유가 없다. 무엇보다 공동체주택이 좋다고는 하지만 여전히 불안하고 확신이 서지 않기 때문에 굳이 지금 서두를 이유가 없기 때문이다.

그러나 구체적 계획에 따른 '나중'이 아니라 막연한 '나중에…'라면 공동체주거 전환이 어려울 수도 있다. 왜냐하면 공동체주거는 시간이 오래 걸리는 일이기 때문이다. 가족들의 동의와 참여가 필요하고, 함께 할 사람을 찾아야 하고, 무엇보다 먼저 인생 후반에 대한 내 삶의 계획이 선행되어야 하기 때문이다.

타인과 '함께 산다는 것'은 결국 신뢰를 기반으로 상호의존적인 관계를 맺는 것이다. 각 개인은 충분히 독립적이어야 하며, 경제적 · 비경제적 교환가치가 있어야 한다. 즉 서로에게 짐이 되지 않을 만큼 건강하고 삶에 필요한 것을 서로 나눌 수 있어야 하며 독자적으로 의사결정이 가능하여야 하고 장기적으로 보았을 때, 자녀들의 동의와 지지가 있어야 한다.

만약 내가 공동체주거를 하겠다고 마음을 먹었다면 뒤로 미룰 이유는 없다. 가능한 빨리 시작할 것을 권한다, 앞에서도 이야기했지만 공동체는 어느 날 갑자기 만들어지는 것이 아니다. 숙성의 시간과 노력을 필요로 한다.

공동체형성 과정에 소요되는 노력과 비용은 품질비용과 유사하다. 젊고 건강한 나이에 공동체에 참여하게 된다면 적은 비용으로 많은 스토리를 쌓아가면서 더불어 사는 맛을 오래 즐길 수가 있다. 결혼도 마찬가지다. 적정기에는 사랑만 가지고도 모든 걸 극복하며 살 수 있지만 혼기를 놓치면 그리 단순하지 않다. 서로가 너무나 많은 걸 따져야 하기 때문에 쉽게 성사되기가 어렵다.

당신이 만약 공동체주거에 마음이 간다면 바로 지금 시작하라. 집을 지으라는 이야기가 아니다. 집에 앞서 인생 후반 내 삶의 전환계획을 구체화하고 가족의 동의를 구하고, 다양한 커뮤니티 활동을 통해서 관계 훈련을 쌓고 관계망을 확장하며, 많은 공부와 정보획득을 통해 경제적으로도 의미가 있는 솔루션을 찾고 하는 과정을 즐길 필요가 있다.

4

고독력과 공동체주거 적합도*

지금과 같은 극심한 경쟁사회에서 공동체의 가치는 무엇보다도 중요하며, 인생 후반 주거안정과 관계빈곤을 극복할 수 있는 대안적 주거로서 공동체주거는 당사자인 개인은 물론 우리 사회에도 그 역할이 매우 크다고 볼 수 있다. 그러나 공동체주거가 모두를 위한 솔루션은 아니다.

흔히 우리는 사람들과 어울리는 것을 좋아하는 사람이 있고, 혼자 있는 것을 좋아하는 사람이 있다고 생각한다. 그러나 그것은 오해다. 1958년 정신과의사 슐츠는 소속, 통제, 정서의 삼차

---

* 199쪽 부록 참조

원적 대인관계욕구를 구분하였다. 인간은 누구나 소속, 통제, 정서의 3가지 대인관계 욕구를 가지고 있다. 소속욕구는 새로운 인간관계를 맺고 사람들과 상호작용하며 그룹에 소속하고자 하는 욕구. 통제욕구는 사람들 사이에서 영향력을 행사하고 통제하고자 하는 욕구, 정서욕구는 일대일의 정서적인 유대와 개인적인 따뜻한 관계를 맺고자 하는 욕구이다. 모든 개인은 대인관계의 3가지 욕구에 대해 자신만의 독특한 자기기준이 있다. 이러한 자기기준이 충족되지 못하면 불편함과 불안을 느끼게 된다.

공동체주거는 건강한 관계욕구를 지닌 사람들의 공동체가 되어야 한다. 원치 않는 사람들을 설득해서 될 일이 아니다.

원하는 사람을 찾아라. 이를 위해서는 자신을 적극적으로 내보일 필요가 있다. 자신이 원하는 공동체주거의 모습을 구체화하고 각종 커뮤니티에서 공개적으로 사람들과 이야기하라.

다음으로 건강한 관계욕구를 어떻게 판단할 수 있나? 다른 사람을 판단하기에 앞서 나 스스로를 점검할 필요가 있다. 그것은 고독력과 공동체주거 적합도로 구분해볼 수 있다. 고독력이란 혼자 있어 외롭다고 느끼는 고독감과는 다르며, 고립된 생활을 의미하는 것이 아니다. 고독력은 홀로 있는 시간을 즐기고 창의적으로 활용하는 능력, 외로움을 이길 수 있는 능력을 의미한다.

공동체주거 적합도는 공동체주거가 과연 나에게 맞는가를 판단하는 것이다. 이에 대해서는 『마흔 이후, 누구와 살 것인가』의 내용을 소개한다. 저자들은 이 질문들이 과학적 연구를 기반으로 하고 있지 않다고 하지만 나로서는 충분히 공감이 가는 내용이다. 다만 코하우징 공동체주택을 희망하는 분들의 경우에는 한 집에서 사는 셰어하우스 상황을 전제로 한 질문들에 대해서는 너무 심각하게 고민할 필요는 없다.

결론적으로 공동체주거를 생각할 때 가장 큰 고민은 "누구와 살 것인가?"에 관한 것이다. 그 누구는 단순히 가까운 사람, 잘 아는 사람이 아니라 고독력, 공동체주거 적합도가 높은 사람이어야 한다. 일단 나부터 확인해보자.

공동체에 대한 관계욕구가 있는 사람일지라도 그것이 반드시 공동체주거일 필요는 없다. 셰어하우스나 코하우징과 같이 한 집이 아니라도 이웃에 가까이 살면서 주민들과 유기적 관계를 맺고 어울려 산다면 그 또한 공동체적 삶이라고 할 수 있다.

5

공동체와 갈등

그런데…. 공동체주거 과연 좋기만 할까?

최근 모임에서 만난 분이 내게 질문을 하였다. "함께 어울려 살거나 일을 추진하다 보면 불편하거나 공정하지 않은 상황이 있을 것 같은데…. 그런 경우에는 어떻게 하나요?"

무슨 질문인지 이해가 간다. 그런데 깊이 생각했던 사항이 아니라 제대로 설명을 하지 못했다. 그래서 이 문제에 대해 정리해보고자 한다.

모든 모임이나 공동체에서 중요한 갈등요인 중 하나가 바로 무임승차에 관한 문제이다. 누군가는 과하게 희생하고 다른 누군가는 제대로 역할을 하지 않고 이익만 취하려는 상황. 내가 참여하고 있는 공동체주택협동조합도 2015년 4월경에 시작되었으니 벌써 2년이 지나 입주해 살고 있다. 그럼에도 불구하고 우리는 무임승차자 문제에 관한 갈등은 없었다.

공동체주택을 추진하는 일은 단순히 내가 부담할 돈만 내서는 힘들다. 때로는 상호 이해관계가 걸린 의사결정도 해야 하고, 집 지을 땅도 보러 다녀야 하고, 행정기관 상대도 해야 하며, 건축 진행 시 주변 민원대응도 해야 하고, 회의를 하면 누군가 서기도 맡아야 하며, 공통의 비용에 대한 회계 관리도 해야 하고, 수시로 발생하는 이슈에 대해 누군가는 대응을 하고 조치를 하여야 한다.

한창 공사가 진행중이던 2016년 봄의 이야기이다. 이날 모임에서도 검토할 일이 많이 생겨났다. 기존 에어컨 설치 견적이 너무 과하게 나온 것 같아 다른 업체에 비교견적을 받기로 했고, 쓰레기 수거 및 처리에 관하여 관할 행정기관에 확인 후 처리방안에 대한 검토를 해야 하며, 입주를 앞두고 공동체주택에서의 생활전반에 대한 이슈에 대해 공부하기 위해 앞서 경험한 소행주 입주민을 모시고 초빙강의를 진행하기로 했다. 이에 대해 3명의 자원자가 나서서 이번 주에 바로 조치를 하고 SNS를 통해 그 결과를 공유했다. 에어컨은 비교견적 업체를 섭외해서 미팅 일정을 잡아 세대별 요구사항을 접수하여 전달했으며, 지역의 쓰레기 수거 처리방법 및 절차에 대해 관할 행정기관 확인 사항을 공지하였고, 소행주 초빙강의 또한 강사를 섭외하여 강의일시와 장소를 조합원들 의견을 수렴하여 확정지었다. 참 아름다운 모습이다.

이뿐 아니라 지나고 나니 참 많은 일이 있었다는 생각이 든다. 그럼에도 불구하고 내가 또 우리가 그렇게 심각한 갈등상황이라고 할 만한 일이 없다고 생각하는 배경에는 객관적인 입장에서 공정하게 중재하고 조정을 이끌었던 코디네이터 역할이 매우 컸다. 그리고 리더인 우리 주택협동조합 이사장의 역할 또한 무시할 수 없다. 이사장은 인격적으로도 신망 받는 분으로 독단적으로 일을 처리하지 않고 조합원 의견을 충분히 수렴하며 무리 없이 합리적으로 처리한다. 그리고 우리 조합원들 또한 모두 존경스럽다. 조합원들의 역할과 참여가 필요했던 여러 상황에서 우리는 한 번도 억지로 책임자를 지명하지 않았다. 매번 수고를 마다하지 않고 나선 자원자가 있었고, 여러 가지 사정상 여건이 안 되었던 분들은 또 다른 방법으로 크고 작은 수고를 해주셨다.

우리는 한두 번 보고 말 사이가 아니기 때문에 선불리 이기심을 내보이기가 쉽지 않다. 그리고 건축허가 과정에서 두 번의 커다란 고비가 있었으나 모두 전 조합원들이 힘을 모아 슬기롭게 해결하였다. 그 위기극복의 과정에서 서로를 신뢰하게 되었으며, 협력의 힘을 알게 되었다.

공동체주거를 생각한다면 갈등에 대한 인식의 전환이 필요하다. "갈등은 나쁜 것인가?" 아니다. 갈등은 자신과 타인의 서로 다른 욕구나 목표로 인해 생기는 심리적 현상으로 사람들이 어울리는 곳에는 어디든 발생할 수 있다. 즉, 좋고 나쁜 것이 아니라 당연한 것으로 받아들여야 한다.

물론 앞으로 주택에 입주하여 살아가는 과정에서 무슨 문제와 어려움이 있을지 지금은 알지 못한다. 그러나 이제 그리 걱정하지 않는다. 사람들이 어울려 사는 데 갈등은 일상이다. 갈등은 숨기고 피할 것이 아니다. 드러내고 공론화하여 이야기하다보면 자연스럽게 해결방안을 찾을 수 있을 것이고 그러한 경험은 더욱 우리 공동체를 튼튼하게 만들 것이다.

그럼 공동체주택 설립 과정에서 예상되는 갈등의 지점은 어디인가? 그 누구도 피할 수 없는 4대 갈등요소가 있다.

1. 참여자의 선정
2. 대표자의 선정
3. 동호수의 결정
4. 무임승차자, 형평성의 문제

· 참여자의 선정

가장 중요하고 어려운 문제이다. 이 문제에 가장 먼저 선행되어야 하는 것은 공동체가 지향하는 공유가치를 명확히 할 필요가 있다. 많은 사람들은 경제력, 학력, 심지어 종교까지 수준이 비슷한 사람들이 모여야 한다고 주장한다. 그러나 나는 다르게 생각한다. 생활공동체로서 주거공동체에 적합한 사람들의 보편적 특성은 다음과 같다.

- 경제력 : 보통의 서민 중산층
- 건강 : 독립적 생활이 가능
- 돈보다는 가치지향적
- 탈권위적이며 수평적 사고가 가능한 사람
- 절제된 소비생활
- 공동체를 고려한 배려심과 책임감

이 정도면 충분하다. 이 외에는 오히려 다양할수록 좋다고 생각한다. 나이도 젊은 사람부터 어르신까지, 1인 가구와 다인 가구, 다양한 직업과 취미를 가진 사람들이 함께 어울려 살 때, 우리의 삶은 더욱 재미있고 풍요로워질 것이다. 그리고 자발적으로 구성된 공동체가 아니라면 공동체 구성원의 모집과 선정에 대해서는 전문코디네이터의 도움을 받는 것이 바람직하다. 함께 살 사람들인데 먼저 들어온 사람들이 나중에 참여하는 사람들을 심사하고 평가하는 관계가 설정되어서는 곤란하기 때문이다.

· 대표자의 선정

공동체 참여자가 구성되었다면 그 다음으로 대표자를 한 명 선정하여야 한다. 물론 공동체의 모든 구성원은 수평적 관계이다. 하지만 집을 짓기 위해 코디네이터, 건축가, 시공사, 관공서 등 많은 이해관계자를 상대해야 하는데 제각각 자기 이야기를 해서는 일이 불가능하다. 그리고 공동체 내부에서 소통할 때도 대표자의 역할은 절대적으로 중요하다.

첫 입주자대표를 잘 뽑는 것이 공동체주거 성공의 첫걸음이다. 대표자는 무엇보다 구성원들의 신망을 받는 분이어야 한다. 그리고 충분한 사회경험과 전문성을 갖춘 분이면 더욱 좋고 무엇보다 봉사와 헌신의 리더십을 발휘할 수 있어야 한다. 정말 신중히 생각해서 믿을 만하고 일을 잘할 분을 선정하여야 하며, 선정한 후에는 모든 구성원들이 적극적으로 협조하여야 한다. 대표자 선정의 최악의 시나리오는 모두가 생기는 것 없이 일만 많고 말도 많은 입주자대표를 안 하려고 해서 누군가를 억지로 세워놓고, 대표가 하는 일이 맘에 안 든다고 탓하고 협조하지 않는 것이다. 이런 공동체는 잘 될 수가 없다. 서번트 리더와 열정과 적극성을 가지고 자신의 역할과 책임을 수행하는 팔로어, 이것만 잘 하면 절반은 성공한 것이다.

· 동 호수의 결정 : 공동체의 가치와 주택가치의 조화

아름다운 주거공동체를 향해 가는 길에 어김없이 나타나는 악마의 유혹 같은 것이다. 아파트만큼은 아니라고 해도 다세대주택 형태의 코하우징 공동체주택의 경우도 동호수를 결정하는 것이 어려운 문제다. 특히 아름다운 조망을 가진 위치에 집을 짓는 경우에는 더욱 첨예한 이해관계가 걸린 문제이기 때문이다.

보통의 아파트라면 이런 경우 추첨을 한다. 그리고 그것이 가장 공평한 방법이라고 생각한다. 그럼 공동체주택도 추첨을 하는 것이 최선일까? 아니다. 만약 추첨을 해서 결정할 경우, 원하는 곳으로 결정된 사람이야 좋아 하겠지만 그렇지 않은 사람들은 뭔가 손해 본 것 같은 마음이 오래 남게 된다. 그리고 그러한 앙금은 나중에 갈등의 씨앗이 되기도 한다.

그렇다면 어떤 방법이 있을까? 묘수가 없다. 서로 합의에 이를 때까지 토론하는 것이다. 일단 세대별로 선호하는 동호수를 1차로 조사한다. 중복이 되지 않는 곳은 신청자로 결정한다. 경쟁이 발생한 곳은 각 세대가 그곳을 원하는 이유, 그 집에 살아야 하는 이유를 충분히 설명한다. 이때, 일방이 상대의 뜻을 받아들여 양보를 한다면 가장 아름다운 모습이다. 만약 그럼에도 불구하고 서로 양보의사가 없다면 공동체에 오랜 기간 적극적으로 기여한 사람, 사회적 약자(장애인, 여성, 고령자…)를 우선 고려하여 배정을 하는 것이 바람직하다.

이런 식으로 결정을 하면, 원하는 곳에 들어가게 된 사람은 타인의 배려를 받았기에 공동체에 감사한 마음을 갖게 되고, 양보한 사람은 자신이 선택한 결정이기에 앙금이 남지 않는다. 그리고 경험자로서 자신 있게 이야기하건대 그때부터 내 집이 좋은 이유가 마구마구 생긴다.

이러한 배정방법과 원칙이 사전에 공지되었고, 지나온 시간 잘 배려하고 협력해온 공동체라면 이 악마의 유혹을 잘 물리칠 수 있을 것이다.

마지막으로 한번 더 강조하고 싶은 말은 공동체주택은 공동체의 가치와 주택의 가치가 조화를 이루어야 한다. 모두가 주택의 가치만을 추구하다가 공동체의 가치를 파괴하는 어리석음을 범하지 않기 바란다.

· 무임승차자, 형평성의 문제

사람이 모인 곳이면 어디든 빠지지 않는 문제이며, 중요한 문제이기도 한다. 만약 무임승차자 문제를 방치하면 공동체의 지속을 기대하기 힘들 것이다. 하지만 여기에도 한번 더 생각할 부분이 있다.

공동체주거에 참여하게 되면 모임도 많고 회의도 많고 참여자들이 분담해야 할 일도 많다. 그런데 이 모든 것에 모두가 똑같이 참여하고 1/n로 부담해야 한다고 생각하는 것은 경계할 필요가 있다.

모든 가구의 형편과 사정은 다 다르다. 그 사정과 형편을 헤아리는 마음이 필요하다. 그리고 주거공동체는 한두 번 보고 말 사이가 아니다. 죽을 때까지 함께 갈 관계일 수도 있는 것이다. 따라서 악의적이고 의도적인 불참과 회피가 아니라면 배려하고 기다려주어야 한다. 무엇보다 다른 사람과 비교하지 않고 내가 기꺼이 솔선수범하면 된다. 몇 사람이 앞서 모범을 보이면 다른 사람도 다 따라온다. 너무 빡빡한 원칙과 기준은 공동체를 숨막히게 한다. 공동체의 싹은 서로가 서로를 배려하는 여유와 틈 사이에서 자란다.

지금까지 공동체주택 추진의 4대 갈등요소에 대해 알아보았다. 이외에도 여러 가지 상황이 있을 수 있겠지만 자신컨대 이 4대 갈등요소만 잘 극복한다면 성공한 것이나 다름없다. 왜냐하면 더 이상 극복하지 못할 갈등이 없고, 어떤 상황이 와도 감당할 만큼 공동체가 자치력을 키웠기 때문이다.

만약 이러한 갈등 요소를 극복하지 못해 불신이 쌓이고 불통이 지속된다면 그 집은 그냥 빌라, 다세대주택과 다름이 없다. 공동체의 가치가 살아 있지 않은 공동체주택, 참 불편한 집이다.

지금까지 갈등을 이야기했다. 그렇다면 신뢰는 어디서 성장하는가?

1. 협력하는 다수의 힘을 경험
2. 소수의견 존중
3. 함께한 시간, 쌓이는 스토리

· 협력하는 다수의 힘을 경험

우리는 경쟁과 각자도생이 너무나 당연하고 익숙한 세상을 살아왔다. 그래서 공동체, 협력 등의 말은 사전에만 있는 것이지 내 삶에서 경험할 기회가 그리 많지 않다. 따라서 이 부분은 경험하지 않고는 알 수가 없다. 다행히(?) 공동체주택을 추진하다 보면 내 의지와 관계없이 다양한 외부적 요인에 의한 위기가 다가온다. 특히 건축과정에서 인허가 문제가 쉽지 않고, 착공 후에는 주변의 다양한 민원을 상대하여야 한다.

이때 건축사나 시공업체에서 알아서 하겠지 하면 안 된다. 함께 협력해서 풀어야 한다. 특히 이웃 주민들의 민원을 상대하는 것은 더욱 중요하다. "합법적으로 건축허가 다 받고 짓는데 뭐가 문제야?"라는 식의 적대적 대응은 더욱 자제하여야 한다. 텅 빈 벌판에 집을 짓는 게 아니라면 어느 정도는 주변에 불편을 초래할 수밖에 없다. 보통의 경우는 개발업자가 돈으로 해결하겠지만 공동체주택 입주자라면 이웃과의 관계를 소중히 할 줄 알아야 한다. 악의적 민원인이 아니라면 피하지 않고 성실하게 만나고 잘 들어주는 것만으로도 웬만한 민원은 다 해결될 수 있다. 그리고 이 과정에서 구성원들이 서로 협력하여 문제를 해결하고 나면, 이미 그들은 그전의 그들이 아니다. 세상에는 각자도생이 확고한 생존원칙인줄 아는 사람과 협력하는 다수의 힘을 경험한 사람들이 존재한다.

· 소수의견 존중

신뢰는 결국 사람의 마음을 얻는 것이다. 그 마음이 꼭 거창한 것이 아니다. 공동체에서는 다수의 뜻도 중요하지만 한 사람 한 사람 소수의 생각과 의견도 소홀히 하지 않는 것이 중요하다. 소수의견을 중요히 여기는 것은 집단선택의 오류를 줄이는 효과도 있지만, 반대의견을 낸 개인에게도 "아, 이 공동체가 사람들이 나를 소중하게 생각하는구나"라는 믿음과 소속감을 주게 된다. 따라서 중요한 의사결정을 할 때에는 비록 그 자리에 참석하지 못한 사람에게도 전화로라도 의견을 물어보는 것이 좋다.

· 함께한 시간, 쌓이는 스토리

무엇보다 절대 시간이 필요하다. 공동체는 하루 아침에 만들어지지 않는다. 자주 만나라. 만나서 회의만 하지 말고, 밥도 먹고, 술도 마시고, 많이 이야기하자. 누군가와 '밥을 먹는다는 것'

은 그냥 허기진 배를 채우고 끼니를 해결하는 것 이상의 의미와 가치를 가지고 있다. 모든 관계는 '함께 밥을 먹는 것'으로 시작된다고 해도 지나침이 없다. '같이 밥을 먹는다는 것'은 곧 서로를 인정한다는 것이며 밥상은 최고의 협상 테이블이다. 그래서 많은 공동체의 소통은 밥상모임을 통해서 이루어진다. 좀 더 친해지면 놀러도 가고 함께 공유하는 스토리가 많을수록 공동체는 탄탄해진다.

6

법적 계약(규약)의 필요성*

공동체주택을 긍정적으로 생각하지만 선뜻 실행에 옮기지 못하는 사람들이 낯선 사람들과의 관계 다음으로 염려하는 것이 투자금에 대한 안전보장이다. 이 부분은 충분히 이해가 간다. 기존의 주택은 사유재산으로 내 마음대로 사고팔 수 있다. 하지만 공동체주택은 재산권 문제가 어떻게 되는지, 사업자는 믿을 만한지, 나중에 사정이 생기면 제때 팔 수는 있는 건지, 제 값은 받을 수 있을지…. 걱정은 끝이 없는데, 인터넷을 검색해봐도 잘 모르겠고 속 시원히 답을 해주는 사람도 없다.

---

* 237, 261쪽 부록 참조.

청년들이 이용하는 셰어하우스는 대개 사업자가 공급하고 입주자들이 월세를 내고 이용하는 방식이다. 그러나 중장년세대가 주도하여 자발적으로 추진하는 코하우징 형태의 공동체주택은 토지구입과 건축비용을 참가자들이 분담하게 된다. 수도권에서 공동체주택을 지을 경우 평균적으로 적어도 2억 원 이상 많게는 4~5억 원까지 비용이 소요된다.

이 경우 각 세대별 소유권 형태는 크게 세 가지로 분류된다.

구분	내용	소유권보호 (근거/대상)	사례
협동조합소유 공동체주택	조합원들이 출자하여 주택협동조합을 설립하고, 조합소유의 공동체주택을 지어 조합원들에게 임대하는 형태	주택협동조합 정관/출자금	뜨락집 제주오시리 가름
협동조합형 (개인소유) 공동체주택	참가자들이 협동조합 정신을 가지고 공동체주택을 설립. (하지만 개별세대 소유권은 개인에게 있음)	세대별소유권 등기/부동산자산	구름정원사람들 여백 소행주
공동소유 공동체주택	세대별 개별등기가 어려운 다가구주택을 여러 명이 공동으로 소유하는 형태	사적 계약/출자금	행고재

협동조합소유 공동체주택은 협동조합기본법에 의거하여 주택협동조합이 설립되기 때문에 조합원의 재산권 관계된 내용은 정관에 반영되어 법적으로 보호를 받게 된다. 하지만 5세대 이상이 되어야 설립이 가능하고 개인의 입장에서는 안정적 주거권은 보장되지만, 주택에 대한 소유권이 아닌 출자금에 대한 소

유권을 가지게 된다.

협동조합형 공동체주택은 비록 소유권은 개인에게 있지만 협동조합 정신을 가지고 함께살이를 하는 공동체주택을 말한다. 코하우징 공동체주택의 상당수가 바로 협동조합형 공동체주택이다. 협동조합형 공동체주택이 많은 이유는 아직까지 집에 대한 소유 욕구가 강하기도 하지만 결정적으로 협동조합 법인으로는 주택설립을 위한 자금조달이 불가능하기 때문이다.

공동소유 공동체주택은 세대별 개별등기를 할 수 없는 다가구주택을 여러 명이 공동으로 설립하여 소유하는 형태를 말한다. 이 경우에는 대체적으로 참여 가구수(보통 2~4가구)가 많지 않아 협동조합을 설립하기도 어렵고, 주택의 형태도 다가구주택으로 분류되기 때문에 세대별 개별등기도 어려워서 소유권 문제를 정리하기가 가장 힘든 형태이다. 하지만 소유권에 대한 안전장치만 마련된다면 택지를 구하기도 용이하고, 마음 맞는 소그룹이 상대적으로 적은 비용으로 쉽게 추진이 가능하다는 장점이 있다.

다음으로 공동체주택 설립 추진 시 법적인 문제와 관련하여 몇 가지 유의사항에 대해 이야기하고자 한다.

· 공동체주택 설립에 대한 당사자간 계약체결

어느 정도 사전 모임을 통해 추진의지가 모아지면 좀 더 명확하고 책임 있는 형태의 합의가 필요하다. 이는 코디네이터와의 코디네이션 서비스 계약일 수도 있고 당사자간 합의일 수도 있다. 이 절차를 통해 모호한 입장에 있거나 공동체에 적합지 않다고 판단되는 참여자를 배제시키는 것이 좋다.

· 계약에 반드시 포함되어야 할 내용

이 계약은 최소한의 안전장치로 다음과 같은 사항을 포함하여야 한다.

- 참가자의 출자금 또는 소유권 보장
- 불성실 참여자 또는 계약 미이행자로부터 공동체를 보호할 수 있는 내용
- 불가피한 사정 발생시 안전한 출구 보장

· 계약서 내용은 반드시 모든 구성원이 합동 검토

계약서의 내용은 반드시 모든 구성들이 모여 함께 상세히 검토하여야 한다. 만약 누군가 "우리끼리 믿고 하는 거지, 이렇게까지 해야 해?"라고 말한다면, 그런 참여자와는 함께하지 말 것을 권한다. 계약은 서로가 서로를 보호하기 위한 것이다. 문제 발생 시 최소한의 안전책이기도 하지만 그런 문제가 발생하지

않도록 예방하는 데 주 목적이 있다. 모든 구성원들로 하여금 검토 과정을 통해 공동체주택 추진에 예상되는 발생 가능한 리스크를 사전에 인지하도록 함으로써 문제가 발생하지 않도록 유의하도록 하기 위함이다.

7

프로슈머

각자도생과 함께 이 시대의 아픈 용어 중 하나가 '갑질'이라고 생각한다. 산업화와 도시화에 따라 공동체가 급속히 와해되면서 인간이 살아가는 데 필요한 모든 활동은 스스로 해결하지 못하면 누군가와 거래를 해야 하는 시대가 되었다.

그런데 교육, 의료, 법률, 건축 시장과 같은 전문가 영역은 이야기가 달라진다. 비록 내가 돈을 내고 서비스를 이용하는 입장이지만 정보의 비대칭으로 인하여 소비자로서 올바른 권리주장을 하기가 힘들다.

공동체주택을 추진하는 경우 코디네이터, 건축가, 시공사 등과 비즈니스 관계를 맺게 된다. 어설픈 갑질도 문제가 되지만 상호신뢰가 중요하다. 믿을 만한 코디네이터, 신뢰할 만한 건축가와 시공사를 찾아야 한다. 일반주택 건축도 쉽지 않은 일이기에 집을 한번 짓고 나면 10년은 늙는다고들 말을 한다. 그러나 공동체주택은 일반주택에 비해 훨씬 더 복잡하고 어려운 일이다. 신중하게 조사하고 검토하여 믿을 만한 업체를 찾아야 한다.

그리고 일단 업체를 선정하고 계약을 하게 되면, 내가 갑이라는 생각, 단순한 소비자라는 생각을 버려야 한다. 파트너십이 필요하다. 공통의 목표를 가지고 협력적 파트너로서 각자의 역할을 감당하여야 한다.

프로슈머(prosumer)는 생산자와 소비자의 역할을 동시에 하는 사람을 나타내는 말이다. 생산 소비자 또는 참여형 소비자 라고도 한다. prosumer(프로슈머)는 producer(생산자) 또는 professional(전문가)과 consumer(소비자)가 결합되어 만들어진 신조어이다. 생산자와 소비자가 결합되었다는 것은 소비자이기는 하지만 제품 생산에도 기여한다는 의미이며, 전문가와 소비자가 결합된 경우는 비전문가이지만 타 전문가의 분야에 기여한다는 의미이다. (위키백과)

공동체주택 참여자 또한 프로슈머가 되어야 한다. 만약 주택의 경제적 가치나 자산가치만 바라보고 공동체주택에 참여하는 사람이 있다면, 그는 '갑질'하는 블랙 컨슈머가 될 가능성이 매우 높다. 그런 사람은 모든 경우에 자기 이익이 최우선이 되기 때문에 모든 사람에게 민폐가 되고 결국 공동체가 파괴될 가능성도 높다.

다시 한 번 강조하지만 공동체주택은 공동체의 가치와 주택의 가치가 조화를 이루어야 한다. 공동체주택의 참여자는 더 이상 집값에 집착하는 소비자가 아니다. 나의 삶과 우리의 삶을 담아낼 수 있는 곳으로서의 집과 주거, 그리고 더불어 사는 공동체의 회복을 이끄는 새로운 주거문화의 주체이다. 이들은 다른 참가자들은 물론 건축가, 시공사와도 공통의 목적을 달성하기 위해 각자의 역할을 협력적으로 수행하는 프로슈머이다.

공동체주택 하나의 성공은 단순히 집이 하나 생기는 것이 아니다. 그 집은 공동체의 사회적 자산이 될 것이며, 그들은 작은 마을 하나를 이룬 것이다. 개인주의가 만연하고 공동체가 점점 사라지는 차가운 시대에 거꾸로 공동체를 만들어 함께 사는 이들은 나와 내 집을 넘어 이웃과 마을에 온기를 전할 수 있을 것이다. 그래서 공동체주택을 짓는다는 것은 짓고 나서 10년은 늙는 것이 아니라, 더불어 함께여서 즐거운 행복한 집짓기가 될 수 있다.

8

전문 코디네이터를 활용하라

지금까지 공동체주택을 추진하는 사람들을 분석해보면 크게 다음과 같은 두 가지 그룹으로 분류된다.

첫째, 공동육아나 종교공동체, 마을공동체, 인문학공동체와 같이 이미 오랜 시간 공동체의 기반을 탄탄히 다져온 그룹이 단순히 공통의 관심사를 넘어 주거공동체를 이루고자 하는 경우.

둘째, 하우징쿱주택협동조합이나 소행주와 같이 우리 사회의 대안적 주거공간으로 공동체주택 확산을 회사의 중요한 사명으로 생각하고 노력하는 회사가 공급하는 공동체주택 건축사업에 입주자로 참여하는 경우.

이 두 가지 경우 모두 일반인들이 쉽게 접근할 수 있는 경로가 아니다. 또한 우리나라 코하우징 공동체주택의 시초라고 할 수 있는 소행주 1호 주택이 완공된 2011년 이래 지금까지 소행주와 하우징쿱주택협동조합이 진행하고 있는 사업이 각각 10호 남짓 되었으니 양사에서 시행한 공동체주택의 총 입주 가구 수는 200호를 넘지 않을 것이다. 여기에 드물게 개별적으로 진행된 공동체주택을 최대 100가구로 추정한다 해도 민간주도 공동체주택의 총 가구 수는 300가구를 넘지 못한다. 이 숫자를 가지고는 절대로 공동체주택을 대안적 주거로 이야기하기 힘든 실정이다.

이러한 상황에서 최근 의미 있는 변화가 나타나고 있다. 바로 중산층 중장년가구가 공동체주택에 많은 관심을 가지고 있으며, 긍정적으로 바라본다는 것이다. 고령화와 장기 저성장 시대를 맞아 가진 게 집밖에 없는 이들이 아파트를 벗어나 주거비용 절감과 노후 관계빈곤을 해결할 수 있는 대안으로 공동체주택을 생각하기 시작했다. 이들의 욕구를 긍정적으로 수용할 솔루션이 있다면 공동체주거가 모두를 위한 보편적 대안은 아닐지라도 원하는 사람들에게 의미 있는 대안으로는 충분히 자리 잡을 수 있다. 그러나 아직까지 이들의 이러한 관심을 실제 참여로 이끌어 낼만 한 프로그램과 주체가 부재한 실정이다.

일반 주택의 구매와 달리 공동체주택은 긍정적 인식이 실제 공동체주택 설립 참여로 이어지기까지 아무리 빨라도 최소 1년에서 길면 2~3년까지 적지 않은 시간이 소요된다. 그러나 기존의 주택 공급을 중심으로 하는 사업자의 경우에는 이들의 욕구에 대응하기 힘든 실정이다.

이 책에서 여러 번 이야기했지만 공동체주택은 공동체의 가치와 주택의 가치가 조화를 이루어야 한다. 그러나 지금까지 공동체주택은 주택공급을 전문으로 하는 사업자에 의해 진행되어 왔다. 그러나 최근 빠르게 늘어나고 있는 중장년 세대의 공동체주택에 대한 관심을 의미있는 수요로 전환하기 위해서는 주택 공급에 앞서 공동체 형성을 전문으로 하는 코디네이터의 역할이 필요하다. 나는 더함플러스협동조합이 그 역할을 담당하고자 한다. 우리 더함플러스는 공동체주택에 관심 있는 중장년세대를 대상으로 주거전환 교육을 제공하고, 수료생들이 자발적으로 참여하는 시민주거커뮤니티 활동을 지원하고 있다. 이러한 과정을 통해 이들이 실수요자로 성장하여 자발적 공동체주택 추진 그룹이 형성되면 이들을 위해 입주 시점까지 밀착 코디네이션 서비스를 제공하고자 한다.

공동체주택 참여자들은 공동체이자 모두가 이해관계자이다. 공동체형성이 제대로 안 된 상태에서 민감한 이해관계가 달린 문제를 당사자들끼리 논의하는 것은 매우 위험하다. 따라서 이들에게는 이해관계로부터 독립적인 믿을 만한 코디네이터가 필요하다. 뿐만 아니라 공동체주택을 추진하는 데에는 단순히 집을 짓는 것 이외에도 교육, 소통, 갈등조정, 금융, 법률서비스, 자치관리 체계 지원 등 여러 가지 전문적인 서비스를 필요로 한다.

따라서 일반 시민들이 주도하여 공동체주택을 추진하는 경우에는 공동체 관점의 SW적 이슈를 전문으로 하는 코디네이터와 물리적인 주택을 설계하고 시공하는 소셜하우징 업체와의 협업이 필요하다.

9

입주 후
삶을 준비하라

물론 쉽지 않은 과정이겠지만 시간이 흐르면 집은 지어지고 입주의 시간이 다가온다. 입주시점까지는 모든 구성원들의 집중력이 발휘된다. 그러나 공동체 관점에서 보면 새로운 위기가 입주와 함께 찾아온다. 입주를 전후하여 여러 민감한 이슈들이 등장한다. 살던 집을 정리하여야 하고 사업비도 최종적으로 정산하려면 집을 팔든지 대출을 받든지 해야 한다.

또한 각 세대마다 이주 일정도 다르기 때문에 전체 세대가 입주를 하여 자리를 잡기까지는 준공 후 2~4개월이 소요된다. 아무래도 예전과 같은 모임을 지속하기가 힘들기 때문에 한동안 브레이크 타임을 가질 수밖에 없다. 하지만 여기서 조심하여야 한다. 만약 입주 후 생활에 대해 아무런 논의나 결정사항이 없었다면, 다시 사람들을 불러 모으기가 쉽지 않다. 사람들은 입주와 함께 빠르게 일상으로 돌아간다. 입주 전까지는 집을 짓는 데 모든 신경이 집중되어 있었지만 집이 지어지고 입주를 하고 난 후에는 모든 일이 완성되었다고 생각하기 때문에 점점 모임에 대한 참여도가 떨어진다.

공동체주거에 있어 집을 짓는 것은 끝이 아니라 시작이다. 그렇기 때문에 집의 준공에 앞서 미리미리 입주 후 생활에 대해서 생각하고 준비하여야 한다.

입주 후 삶에서 가장 중요한 것은 지속가능성이다. 지금의 참여자는 모두가 원해서 오랜 시간 공동체형성의 과정을 함께 한 사람들이다. 하지만 시간이 흐르다 보면 사람도 바뀌고 여러 가지 변화가 생길 것이다. 공동체주택의 지속가능성 차원에서 중요하게 고려해야 할 사항은 다음과 같다.

· 주택관리 및 운영

아마도 많은 사람들이 지금까지 아파트에 살아왔을 것이다. 아파트에 대해 여러 가지 부정적인 이야기를 했지만, 사실 생활편의 측면만을 바라보면 아파트만큼 편한 집도 없다. 모든 귀찮고 번거로운 일들은 관리사무소와 경비아저씨들이 다 해준다. 그러나 공동체주택은 자치주택이다. 아파트 관리사무소와 경비아저씨들이 하던 모든 일들을 주민들이 알아서 해야 한다. 따라서 입주에 즈음하여 관리비 부담, 커뮤니티 공간의 운영, 공용 공간의 관리, 하자보수 및 유지보수, 장기수선충당금 적립 등을 포함한 관리규약에 대해 방안을 마련하여야 한다.

· 이주자 발생 시, 신규 입주자의 선정

공동체주택의 입주자가 바뀌는 것은 매우 커다란 변화이다. 물론 처음에 함께한 사람들이 오랜 시간 함께 살면 좋겠지만 살다 보면 불가피하게 이주를 해야만 하는 상황이 발생한다. 이 경우 일반 주택이라면 부동산에 집을 내어놓고 팔고 나가면 되겠지만, 공동체주택의 경우에는 비록 본인은 떠나더라도 다른 입주자들과 공동체에 대한 배려를 하여야 한다. 그 배려는 뭐 거창한 것이 아니라 남아 있는 입주자들이 공동체에 잘 어울릴 수 있을 만한 신규 입주자를 찾을 수 있도록 도와주는 것이다.

먼저 사전에 충분한 여유를 두고 다른 입주자들에게 사정을 이야기해야 한다. 이때 원하는 매도 가격을 말하는 것이 좋다. 그러면 다른 입주자들은 공동체를 이해하고 잘 적응할 만한 신규 입주자를 찾도록 한다. 만약 해당 주거공동체가 좋은 관계 속에서 잘 지내왔다면 신규 입주자 선정은 그리 어려운 일이 아닐 것이다. 왜냐하면 주변 사람들이 평소에 공동체 사람들의 사는 모습을 보아왔기 때문에 이주자가 생길 때 그리 어렵지 않게 신규 입주자를 찾을 수 있을 것이다.

그리고 함께 살던 이웃이 떠나고 새로운 이웃을 받아들이는 것에 너무 예민할 필요도 없다. 떠나는 사람은 집을 떠날 뿐이지 그 관계는 기억되고 지속될 수 있는 것이다. 새로운 사람을 받아들이는 것은 새로운 인연에 대한 기대감을 갖게 되며, 공동체를 다시 한 번 긴장케 하고 확장하고 성장하게 하는 기회가 될 것이다.

· 공동체의 지속가능성

공동체주택의 삶은 지금까지의 삶과 달라야 한다. 뭐가 다른가?

일단 일반 아파트나 다세대주택의 경우 아무리 주위에 많은 집이 있어도 결국 내 집과 남의 집일 뿐이다. 하지만 공동체주택은 내 집과, 옆집은 ○○○네 집, 윗집은 ○○○네 집, 아래 집은 ○○○네 집… 그래서 우리 모두는 '우리의 집'으로 살아간다. 처음에는 함께 집을 짓는 것만으로도 커다란 의미가 있다. 하지만 입주 후 입주자간의 유대를 지속적으로 강화할 수 있는 활동이 지속되지 않는다면 시간이 흐름에 따라 관계는 점차 소원해질 것이다.

공동체주택이란 획일화된 아파트에서는 불가능한 나만의 취향이 담기고 이웃과 함께하는 집, 같이 만들고 함께 누리는 주택, '삶을 공유'하는 맞춤형 주택이다. 공동체주택은 공동의 목적을 가진 사람들이 함께 거주하여 물건, 공간, 함께 사는 사람들의 시간도 '공유' 하며 삶의 질을 높이는 주택을 말한다.

처음에는 함께 살 집을 마련하는 것이 공동의 목적이었다. 하지만 입주 후에는 새로운 공동의 필요를 찾아야 한다. 하지만 먼저 일상의 활동을 통해 가까워지고 친해져야 한다. 만남과 모임이 계속되어야 하고, 만남이 즐거워야 한다. 가장 좋은 것이 함께 밥을 먹고 놀러도 가고 하는 것이다. 이렇게 모여 밥도 먹고 술도 마시고 하다가 보면, 집 이야기도 나오고 동네 이야기도 나오고 일 이야기도 나오고 세상 이야기도 나오고… 그러다 의기가 투합되면 "우리 이거 한번 해볼까?"하는 제안도 나올 것이다. 그것이 바로 공통의 필요가 될 것이다. 그냥 몇 사람이 할 수도 있지만 협동조합과 같은 조직 체계를 갖춘다면 좀 더 체계적으로 일을 펼칠 수 있을 것이다.

〈브루클린의 멋진 주말〉

이 내용은 2016년 9월 6일부터 10월 13일까지 서울시50플러스재단의 후원으로 더함플러스협동조합이 주관하여 진행했던 '50+세대를 위한 주거전환강좌' 프로그램 중 문화콘텐츠를 통해 바라본 시니어 주거 이야기 강좌 후기이다.

| 영화 소개 |

당신과 함께라면 어디든!

40년 묵은 이스트 빌리지 아파트가 팔리기를 기대하는 뉴욕 노부부의 평소와 다른 주말 이야기. '루스'는 은퇴한 교사이고, '알렉스'는 예술가이다. 그들은 오래된 집을 팔고 이사하기 위해 부동산 중개인 조카 '릴리'의 도움으로 오픈 하우스를 준비한다.

'릴리'의 도움으로 근사해진 '루스'와 '알렉스'의 집. 하지만 전날 뉴욕의 브루클린과 맨해튼을 잇는 윌리엄스버그 다리에서 테러를 의심케 하는 사고가 발생하며 분위기가 냉랭해지면서 평소와 다른 주말을 보내게 되는데…

이 영화는 국내에서 상영이 되기는 하였지만 아는 사람이 별로 없을 정도로 흥행에는 성공하지 못했다. 그런 이 영화를 내가 보게 된 인연이 특별해서 오늘은 그 이야기로 시작을 해보겠다.

내가 충성도 높은 회원이자 팔로어로 활동하는 커뮤니티가 하나 있다. 이름은 '어사연'(어르신사랑연구모임의 준말)이다. 이름에서 느껴지듯이 노인복지에 관련된 전문가, 활동가, 관심이 있는 시민들이 참여하는 공부방 모임이다. 월1회 개최되는 공부방 모임이 2017년 말에는 200회를 앞두고 있을 정도로 전통이 있는 곳이다. 이 어사연 회원 네트워크도 대단해서 노인문제, 노년의 삶과 관련해서는 모든 분야의 관계자가 다 있어서 어사연을 통하면 어떤 문제든 정보를 얻거나 도움이 될 만한 분들과 연결될 수 있을 정도다.

어사연에서는 매월 이 달의 책과 영화를 소개한다. 2016년 2월에 〈브루클린의 멋진 주말〉이 소개되었다. 어느 날 공부방 모임에서 운영자인 유경 님이 "독신역행님(이곳에서 내 닉네임) 〈브루클린의 멋진 주말〉 봤어요? 꼭 보세요, 주거에 관심 있잖아요. 그거 봐야 해요…"라고 해서 알게 된 영화이다. 그래서 당장 그 주말에 딸아이와 함께 영화를 보게 되었다.

아시다시피 이 영화는 노부부가 오래 살아 정든 집이지만 엘리베이터가 없어 힘들어 하는 남편을 위해 아내가 엘리베이터가 있는 곳으로 이사를 가고자 새 집을 찾는 과정의 에피소드를 담고 있다.

이 영화를 보고 난 소감을 이야기해보고자 한다.

먼저 둘이 합쳐 연기인생 100년이 넘는다는 모건 프리먼과 다이앤 키튼을 한꺼번에 볼 수 있다는 것, 그 자체로 좋았다. 정말 제가 중요하게 느낀 것은 노년의 삶을 아름답게 보여주었다는 점이다. '노년'이라는 말에 대부분의 사람들은 부정적 인식을 가지고 있다. 그러다 보니 '노인'이라는 말 대신 시니어, 액티브 시니어, 꽃중년, 마음은 청춘 등의 나는 '노인'이 아니라는 회피적 신조어가 끊임없이 만들어지고 있다. 그런데 이 영화의 주인공 노부부의 모습은 그렇지 않았다. '나도 저렇게 나이 들고 싶다'라는 생각이 들 정도로 각자의 일과 일상에 감각과 정서를 잃지 않고 있으며, 서로를 생각하고 배려하고 존중하는 모습이 인상적이었다. 그 느낌이 판타지가 아닌 리얼리티에 가까워서 "노년의 삶도 아름다울 수 있겠구나" 하는 긍정적 인식을 제공해주었다는 것에 큰 의미를 부여하고 싶다.

두 번째는 '도시에서 나이 든다는 것' 그리고 노년기 주거의 조건에 대해 다시 한 번 생각하게 되었다. 이 부분에 대해서는 이날 토론에서 의미 있는 이야기가 많이 나와서 그 내용을 공유하도록 하겠다.

한 분이 발제를 자연스럽게 해주어서 부드럽게 시작할 수 있었다. "그들은 왜 도시를 떠나지 않았을까?"라는 의문으로 주거전환의 핵심 이슈를 제시해주었고, 미국의 부동산문화에 대한 소감, 그리고 장면 장면 인물들에 대한 느낌을 공감이 가도록 잘 설명해주었다. 특히 한국이나 미국이나 돈이 앞서는 부동산 시장에서 중개업자에 휘둘리는 소비자를 위한 '착한 부동산 중개 사회적 기업' 이야기에 나 또한 "아, 그런 곳이 있으면 정말 좋겠구나!" 하는 생각을 했다. 없으면 우리가 하면 되죠. 잘하면 더함플러스 업종이 하나 추가될지 모르겠다. 그 발제자는 지역에서 다문화사업을 하는 사회적 기업 대표답게 사회문제에 관심을 넘어 아이디어까지 제안해주었다.

"그들은 왜 도시를 떠나지 않았을까요?"

사실 이 질문에 많은 의미가 있을 것 같다.

노후주거를 이야기할 때 핵심 키워드는 AIP/AIC, 최근에는 AIRP라는 개념도 등장하였다. AIP(Aging in place), AIC(Aging in community)는 우리말로 하면 "살던 곳에서 정든 이웃과 함께"가 적절한 표현일 것 같다. AIRP(Aging in right place)는 지리와 환경적 요건을 중요하게 강조한 개념이다. AIP/AIC 개념은 도시 외곽의 실버타운이 실패할 수밖에 없었던 이유를 잘 설명하고 있다. 주거란 단순히 집이 아니라는 것이다.

다음으로 주거전환을 하려면 뚜렷한 대안마련이 선행되어야 한다는 것이다. 요즘 부동산시장이 워낙 말도 많고 변동성이 크다 보니 많은 분들이 "집을 팔아야 하나, 말아야 하나?" 하는 고민을 한다. 그러나 살던 집을 떠나 "어디서 누구와 어떻게 살 것인가"에 대한 대안이 없는 상태에서 이러한 접근은 후회할 수밖에 없을 것 같다는 것이 공통된 의견이었다.

그리고 역설적으로 "꼭 떠나야만 하나?" 하는 의문도 필요하다. AIP/AIC, 잘 적응되고 익숙한 정든 집에서 정든 이웃과 함께 살 수 있다면, 그게 최고다.

이야기가 웰다잉으로 넘어가며 토론의 분위기는 최고조에 달했다. 웰다잉, 미니멀라이프에 대한 이야기, 그리고 지금껏 금기시되어왔던 죽음에 대한 이야기가 우리 세대에는 자녀와 함께 미리미리 이야기 할 필요가 있다는 의견까지.

"당대에 버리고 떠나는 것이 바람직하다. 자식에게 나의 흔적을 지우는 것이 너의 마지막이자 가장 큰 효도"라고 이야기하셨다는 한 선생님의 말씀이 내게 오래 기억에 남을 것 같다.

나 또한 내 삶의 흔적이 자녀들에게 짐이 된다면 정말 싫을 것 같다. 사실 시니어주거토크를 준비하면서 많이 염려했다. "잘 될까?" 그런데 이 토론은 정말 기대 이상이었다. 제가 원했던 유쾌함 속에서 의미를 찾을 수 있었던 시간이었다. 교학상장(教學相長) 집단지성의 힘이 발휘된 시간이었다.

최근에 내가 입주해 있는 50+센터 공유사무실 입주단체 대표들이 우리 집에 다녀가셨다. 내가 공동체주택으로 이사를 갔다고 하니 궁금하다며 9월 월례회의를 여백의 커뮤니티룸에서 하기로 한 것이다.

대부분 공유주택/공동체주택에 대한 개념을 잘 모르는 분들이어서 그런지 공동체주택에 대한 이미지는 다양했던 것 같았다. 우리에게 익숙한 한지붕 세가족 또는 팬시한 셰어하우스 같은. 그래서인지 집을 둘러보고서는 "다른 빌라나 다세대주택과 비슷하네요… 뭐가 다르죠?"라고 물으셨다.

사실 여백과 같은 코하우징 형태 공동체주택이 일반 다세대주택과 하드웨어적으로 다른 것은 커뮤니티 공간이 있다는 것뿐이다. 그럼 또 이야기한다. "요즘 짓는 아파트나 빌라에도 커뮤니티 시설이 다 있는데…"

그렇다. 공동체주택 집의 모양은 다른 집과 별로 다르지 않다. 집이 세대마다 개성이 있고 실용적이긴 해도, 크고 멋지고 화려하지도 않다. 결국 공동체주택이 일반 주택과 다른 것은 그 집에 사는 사람들의 마음과 삶에 있다.

5부

쯤 앞서가는 가족들을 기다리며

1

도시에서 나이 든다는 것

2015년 11월경으로 기억이 난다. 강남 청담동의 고급주택에서 70대 중반의 남성이 고독사로 발견되었다. 그는 비록 이혼을 했지만 아내도 있고 아들도 둘이 있다. 하지만 가정불화로 가족과 왕래는 거의 없었고 이웃과도 별다른 교류 없이 혼자 지냈다고 한다.

살던 집의 시가가 20억대라고 하니 수십억대의 자산가이자 영자신문을 볼 만큼 지식인이었던 고인은 독거노인이 되어 점차 사회적으로 고립되어 갔다. 샤워를 하다가 심근경색으로 쓰러져 사망한 것으로 추정되는 고인은 천정에서 물이 샌다는 아랫집 주민의 누수 신고를 받은 아파트 경비원과 경찰에 의해 발견되었고, 그 당시 집 앞에는 일주일치 영자신문이 수북하게 쌓여 있었다고 한다.

이 사건은 우리로 하여금 많은 것을 생각하게 한다. '독거노인'은, 나이 드신 부모님을 자식이 부양하는 것이 당연시되었던 과거에 돌봐줄 가족이 없는 소수의 불쌍한 노인들을 지칭하는 말이다. 그러나 이제 더 이상 '독거노인'이 일부 취약계층을 의미하지 않는다. 노년에 혼자 살다 혼자 죽어야 하는 '무연사회'가 우리에게도 이미 다가왔다. 은퇴와 노후문제가 돈만 있으면 다 해결될 것처럼 생각했던 많은 사람들에게 노년의 관계빈곤과 사회적 고립이 얼마나 심각한지 일깨워준 것이다.

지구상에서 유래가 없을 정도로 빠르게 고령화가 진행되고 있는 우리 사회에서 이미 홀로 사는 노년의 삶은 일상이 되어버렸다. 이제 더 이상 자식의 부양을 기대하기 힘들며, 사별과 함께 이혼, 비혼 가구 또한 빠르게 증가하고 있다. 특히 고령 1인 가구에게는 외로움, 건강악화, 안전, 사회적 소외와 배제 등의 위험이 노년의 삶을 위협한다.

이러한 사회적 현상과 통계수치들을 이야기하면 우리는 그저 "그런가 보다…" 정도의 생각이 들게 마련이다. 그러나 그것이 내 가족의 문제이고 미래에 맞이하게 될 나의 문제라고 생각하면 이야기는 달라진다.

우리 집은 내가 초등학교 2학년인 1970년에 수유리로 이사를 갔고 어머님은 다니시던 교회를 중심으로 지역의 사람들과 관계를 맺어오셨다. 중간에 형님네와 주거를 통합하면서 의정부에서 8년을 살았고, 아버님이 돌아가신 이후 2008년경 우리는 다시 도봉구 창동으로 돌아왔다.

그때까지만 해도 적지 않은 어머니 친구분들이 가까이 사셨고, 어머님은 그들과의 재회를 무척 기뻐하셨다. 물론 어머니를 포함하여 거의 대부분의 친구분들 또한 아버님들과 사별 후 혼자 살고 계셨다. 나 또한 그분들을 잘 안다. 우리 집 가계 형편이 안 좋을 때, 크고 작은 도움을 주셨고 그야말로 이웃에서 동고동락하셨던 어머니들. 또 몇몇 어른들의 자식들은 어릴 적 친구이기도 하다. 친구들과 반가운 재회를 하신 어머니는 친구들과 활발한 교류를 하셨고 나는 자연스럽게 어르신들의 7080시기를 가까이서 바라볼 수가 있었다.

나는 어느 정도 구체적으로 어르신들의 사정을 잘 알고 있다. 경제적으로 부자는 아니지만 사시는 데에 어려움은 없을 정도의 괜찮은 중산층이며, 배울 만큼 배운 분들이었고, 자녀들의 경제 사정 또한 형제들 간에 편차는 있지만 보편적으로 나쁘지 않은 편이다. 다만 이미 사회가 변하여 어느 정도 경제적 여력도 있고 건강하셨던 어머님들은 자녀들과 함께 살기를 원치 않으셨고, 자녀들 또한 어머님을 모시고 살기가 여의치 않아 우리 어머니를 제외한 모든 어머님들은 강북 일대의 소형 아파트에서 혼자 사셨다.

70대 초반까지는 아무런 문제가 없어 보였다. 그러던 어르신들의 삶이 70대 중후반을 넘어서면서 서서히 어려움에 봉착하기 시작한다. 개인적 질환 또는 노화에 따른 체력의 저하로 조금씩 일상생활의 통제력을 잃어가기 시작하지만, 가끔씩 다녀가는 자녀들은 상황을 제대로 인지하기 힘들다. 연로하신 어른들은 당신들의 참여가 타인들을 불편하게 한다는 생각 때문에 스스로 활동의 범위를 제한하기도 하고, 반대로 자신의 의사와 무관하게 이런저런 사회활동에서 배제되기도 한다. 자신의 의지대로 삶이 통제되지 않으면서 어른들의 심신 또한 급격히 악화되기 시작한다. 그나마 가까이 친구들이 있어 서로의 집을 돌아가며 소일하는 것이 몇 안 되는 낙 중의 하나다.

사실 이때가 가장 중요하다. 누군가 옆에서 돌봐줄 수 있다면 좋으련만… 여전히 혼자서 모든 살림을 감당하셔야 한다. 그러나 어르신들의 집은 익숙할 뿐, 고령의 어르신들이 생활하시기에 불편한 것이 하나둘이 아니다. 불편함을 넘어 위험하다고 할 수 있다. 어르신들 낙상사고의 절반은 가정에서 발생한다. 고령의 어르신들이 마음 놓고 안전하게 지내며 일상생활의 조그만 도움을 주고받을 수 있는 주거환경이 있으면 좋으련만 아직까지 우리나라에는 이에 대한 마땅한 대안이 없다.

물론 고급 실버타운이 있지만 이것은 극소수 부유층에게만 해당되는 이야기다. 노인복지법에 의한 노인복지주택은 부동산 개발업자들을 위한 편법적 개발수단으로 왜곡되어 십수 년이 넘도록 개선되지 않고 선의의 피해자만 양산하고 있다. 그나마 최근 들어 서울시의 의료안심주택, 장기안심주택 등과 같은 의미 있는 공공복지주택사업이 시행되고 있으나 소수의 취약계층만 혜택을 볼 뿐, 수요에 비해 공급이 턱없이 부족한 실정이다.

결국 보통의 서민 중산층 어르신들이 이용할 수 있는 요양시설은 요양병원과 요양원뿐이다. 우리 나이 정도 되면 모두가 알 것이다. 돈벌이로 전락한 요양원/요양병원의 복마전 같은 현실을. 물론 드물게 사명감을 갖고 헌신적인 종사자들이 모범적으로 운영하는 곳도 있다. 하지만 아무리 좋은 요양원이라도 내 집은 아니며, 나의 자유의지가 제한되는 시설일 수밖에 없기 때문에 어르신들이 어쩔 수 없어서 들어가는 것이지 원해서 가는 경우는 없다고 할 수 있다.

그리고 현 공공 노인복지 및 의료체계는 사전 예방보다는 사후 대응을 위주로 짜여 있다. 요양원/요양병원 또한 개인이 자부담을 줄이기 위해서는 가족의 부재와 빈곤, 요양등급을 증명해야 하는 시스템이다. 이러한 시스템 자체가 어르신들에게 그곳에 들어가는 것 자체가 안정적 요양과 재활 치료가 아닌 죽기 전에 들르는 마지막 장소라는 인식을 제공하기 때문에 스스로 삶의 의지를 놓아버리는 역효과를 불러일으키기도 한다.

나는 묻고 싶다. 과연 지금의 시스템이 최선이며, 더 이상의 방법은 없는지, 우리는 너무 쉽게 포기한 것은 아닌지. 물론 국가가 그 책임을 포기하고 시장에 넘겨버린 공공의 역할을 되살리기에는 적지 않은 노력과 시간이 필요하다. 그렇기 때문에 우리는 국가와 사회가 올바른 공공의 역할을 다할 수 있도록 지속적으로 압박하고 노력함과 동시에 보통의 서민 중산층이 지불 가능한 안전하고 믿을 수 있는 노후주거를 만들기 위한 민간의 자조적인 노력이 병행되어야 한다.

아마도 천상병 시인은 저 하늘에 올라가서 소풍 같은 삶이 아름다웠다고 이야기했을 것이다. 그에게는 사랑하는 아내와 그를 아끼는 친구들이 곁에 있었기 때문이다. 그러나 외롭게 돌아가신 청담동 어르신은 왠지 삶이 아름다웠다고 노래하기 힘들 것 같다.

이제 내 어머니에게는 쉽게 찾아가 만날 수 있는 친구는 더 이상 안 계시다. 치매로 낙상으로 지병으로 여러 친구분들이 이미 요양원에서 돌아가셨고 지금도 요양원에 계신다. 나는 부디 어머니가 집에서, 자손들 품에서 마지막 생을 맞이하기를 간절히 원한다. 우리 할아버지 할머니 아버지가 그랬던 것처럼.

2

공동체주거를 하는 사회적 가족의 미래

이제 혈연 중심의 전통적 가족의 해체는 부정할 수 없는 현실이자, 메가트렌드로 받아들일 수밖에 없다. 그렇다고 모두가 고독력을 키우면서 혼밥과 혼술을 즐기면서 살아야 한다면, 그처럼 팍팍하고 우울한 모습도 없다.

그렇다면 가족은 진정 해체되고 없어지는 것일까? 『가족 이후에 무엇이 오는가?』라는 책에서 엘리자베스 벡 게른스하임은 가족은 사라지는 것이 아니라, 새로운 형태의 가족이 생겨나는 것이라고 이야기한다. 가족은 사라지는 것이 아니라 가족의 형태와 특징이 달라진다는 것이다. 새로운 가족은 안정된 관계를 원하며 동시에 개인적 욕구의 실현을 원하는 '개별화'된 자들의 연합이 될 것이라고 이야기한다. 즉 사회적 가족의 등장을 예고하고 있다.

최근 케이블 채널에서 방영한 〈판타스틱 패밀리〉라는 프로그램이 있다. 제작진은 미국, 영국, 프랑스, 벨기에, 일본 등 세계 각국에서 만난 사람들이 가족의 의미로 심리적 안정감과 행복을 꼽으면서도, 때로는 책임감과 의무 때문에 마음의 짐이 된다고 느끼는 공통점에 초점을 맞춘다. 현대의 새로운 가족 형태를 열린 시각으로 소개한다.

제작진은 "듣도 보도 못한 존재가 가족이 되고, 세상 어디에도 없던 관계가 가족이 되는 현대사회에서 혈육이 곧 가족이라는 공식은 없어진 것인지, 사람들이 진정으로 원하는 가족은 어떤 모습일지 담아내고자 했다"며 "너무나 당연해서 가족이 필요한 이유를 듣기 힘들었던 사람들이, 이상적인 가족의 모습을 그려보는 과정을 통해 가족의 참 의미를 깨닫는 기회를 갖게 될 것으로 기대한다"라고 말을 한다.

'판타스틱 패밀리'가 듣도 보도 못한 가족, 세상 어디에도 없던 가족이라면, 나는 공동체주거를 하는 사회적 가족을 '조금 앞서가는 가족', 줄여서 정겹게 부른다면 '쫌 앞서가는 가족'이라고 이야기 하고 싶다.

- 이 험하고 각박한 세상에 누구를 믿냐며, 더욱 이웃과 담을 쌓고, 만인이 만인을 경계하며 사는 것이 상식이 되어버린

시대에 더불어 함께 사는 꿈을 꾸는 사람들

- 돈이 최고이고 돈만 있으면 행복한 노후가 보장될 거라고 끊임없이 떠드는 세상 속에서 비록 돈은 적게 벌더라도 더 행복하게 살 수 있다고 믿는 사람들

- 한없이 소유하고 원 없이 소비해야 행복이라고 믿는 사람들 속에서 공유하고 비우고 나눌 수 있어서 행복하다고 말하는 사람들

'쫌 앞서가는 가족'은 바로 이런 사람들이다. 돈이 많은 사람도 아니고, 많이 배운 사람들도 아니다. 바로 우리 주위에서 언제나 볼 수 있는 보통 사람들이다.

지금까지 공동체주거는 매우 별난 사람들의 특별한 주거라고 여겨져 왔다. 하지만 나 같은 보통 시민이 전혀 모르는 사람들과 만나 공동체주택을 짓고 잘 사는 것을 보았을 때, 이제 더 이상 특별한 사람들만이 할 수 있는 것이 아니라는 것은 증명이 되었다. 그래서 우리는 공동체주거에 관심을 가진 분들에게 우리의 집과 삶을 알리고자 노력하고 있다. 이 세상에 '쫌 앞서가는 가족'이 더욱 늘어나기를 기대하기 때문에.

우리 사회의 복지정책은 지금처럼 가족의 부재와 빈곤의 증명을 요구하며 노인을 복지센터 등 시설로 끌어내는 게 아니라

오히려 가정과 소규모 공동체의 일원으로 복귀시키는 방향으로 전환돼야 한다. 지금의 복지제도는 청장년이 가족의식으로 연대할 수 있도록 돕지 않는 데다 인간을 더욱 파편화하고 물화시켜 더 소외된 존재로 만들고 있다. 각종 시설 등 하드웨어에 쏟아붓는 막대한 비용을 가정이나 가족의 회복, 공동체 육성과 같은 '쫌 앞서가는 가족'을 위해 투입하여야 할 것이다.

보통의 서민 중산층이 생각하는 노년의 삶은 공공복지의 최저 생활 보장도, 고급 실버타운의 비싼 서비스도 아니다. 지금까지 살아온 터전에서 이웃들과 함께 인간의 기본적인 생활을 유지하며 행복한 삶을 살다가 인생을 마감하는 것이다.

쫌 앞서가는 가족은 외롭지 않다. 그들이 사는 공동체주택은 더 이상 집값에 연연하는 사적 재산이 아니라 지역사회와 소통하는, 지역에 열려 있는 사회적 자산이다. 처음에는 단순한 주거공유로 모였지만 시간이 지나면서 더욱 친해지고 각자가 가진 재능을 집단지성으로 발휘하고 조직화할 때, 지역사회에 필요한 다양한 일들을 할 수 있다. 또한 나이가 들어가면서 주택을 중심으로 노년기 삶에 필요한 재가요양서비스 등을 전개하며 시설에 의지하지 않고도 스스로 공동체복지를 이루어 나갈 수 있을 것이다.

더 나아가 공동체주택에 사는 '쫌 앞서가는 가족' 연합회를 결성하여, 전국에 있는 공동체주택 네트워크를 이용한 홈셰어링

서비스, 호혜적 주거공유 서비스를 전개하여 도농상생 노마드적인 삶을 즐기는 멋진 시니어의 등장을 꿈꿔본다.

부록

부록1. 공동체 주거 적합도 테스트

부록2. 공동체주택에 대한 소비자 인식 조사

부록3. 공동체주택 설립 및 운영에 관한 계약서(임대형)

부록4. 공동체주택 설립 및 운영에 관한 계약서(지분공유형)

부록1

공동체주거 적합도 테스트*

다음은 여러분이 협동주택에서 맞닥뜨릴 수 있는 상황들이다. 각 질문마다 여러분이 생각하는 제일 좋은 대응방법이 무엇인지 고르라. 질문에 딸린 방법들이 각각 하우스메이트와의 상황을 해결하는 데 얼마나 효과적일 것이라고 생각하는가?

01 당신은 1주일에 서너 번 고기 먹는 것을 좋아하기 때문에 당신의 돈으로 쇠고기 스테이크와 돼지갈비 여러 팩을 사서 당신 이름을 적어 냉장고에 넣어 두었다. 하지만 고기가 계속해서 사라진다.

ⓐ 누가 고기를 훔쳐가는 건지 신경이 쓰이지만 문제가 없어지리라는 희망을 품고 다시 사다 둔다.

* 출처 : 『마흔 이후, 누구와 살 것인가』(심플라이프, 2014)

ⓑ 하우스메이트들을 소집해 회의를 열고 문제를 논의하고 해결방법을 모색한다.

ⓒ 누가 고기를 훔쳐가는지 안다고 확신하고 그 사람에게 훔쳐가지 말라고 직접 이야기한다.

02 당신은 두 명의 하우스메이트와 1년 동안 별 문제없이 잘 살아왔다. 그런데 그들 중 한 명이 이성과 사귀기 시작했다. 얼마 안 있어 하우스메이트의 애인이 매주 주말이면 협동주택에서 잠을 자고 월요일 아침 식사 시간까지 가지 않고 미적거리고 있다.

ⓐ 반갑지 않은 손님과 마주치지 않기 위해 일요일마다 정오까지 방에 머무른다.

ⓑ 반갑지 않은 손님에 대한 문제를 논의하자고 요청한 다음 서로 동의할 수 있는 해결책을 찾는다.

ⓒ 그 하우스메이트에게 이 상황이 얼마나 불편한지 가르쳐주기 위해 손님을 초대해 여러 밤을 묵게 하고 주말 아침까지 머무르게 한다.

03 화장실이 오래됐고 고약한 냄새까지 난다. 하우스메이트들도 모두 그렇다고 동의했다. 하지만 화장실 수리는 비용이 많이 들고 공동계좌에는 수리에 쓸 돈이 충분하지 않다.

ⓐ 달갑지 않지만 재정 상황 때문에 어쩔 수 없다고 받아들인다. 하지만 화장실을 이용할 때마다 계속 불평한다.

ⓑ 문제를 논의한 후에 모두 사비를 조금씩 내 수리비용을 대기로 합의한다.

ⓒ 혼자서 수리비용을 내기로 결정한 다음, 다른 하우스메이트들이 화장실을 사용할 때마다 고맙게 사용하길 기대한다.

ⓓ 냄새 나는 화장실을 기꺼이 받아들인다.

04 한 하우스메이트에게 네 살짜리 손자가 있는데 협동주택을 정기적으로 방문한다. 당신은 그 아이가 당신의 개인공간에 들어갈까 염려된다.

ⓐ 아이가 방문할 때마다 침실 방문을 잠근다.

ⓑ 그 하우스메이트에게 개인공간은 출입금지 구역이라고 아이에게 말해주었으면 좋겠다고 말한다.

ⓒ 직접 아이에게 침실 근처에 얼씬도 하면 안 된다고 단단히 주의를 준다.

05 예비 하우스메이트 중 한 명에게 알코올중독자에 무직인 딸이 있다. 당신은 그녀가 정기적으로 부모에게 돈, 주거, 법률적 도움을 요청하고 받는다는 사실을 알고 있다.

ⓐ 그 예비 하우스메이트가 딸의 알콜중독 문제가 협동주택 협약에 방해되지 않게 단단히 주의할 것이 분명하므로 아무 말도 하지 않는다.

ⓑ 그 예비 하우스메이트와 협동주택 협약을 하지 않는다.

ⓒ 그 예비 하우스메이트에게 딸의 협동주택 방문을 금지할 때에만 같이 협약 맺겠다고 말한다.

---

06 가을이 돼서 매주 낙엽을 치워야 한다. 하지만 당신은 정원이 깔끔하든 그렇지 않든 전혀 개의치 않는 스타일이다.

ⓐ도와주겠다고 약속하지만 별 관심을 가지지 않는다.

ⓑ 하우스메이트들과 협의해 모두가 동의할 수 있는 최소한의 기준을 정한 다음, 일을 줄여서 한 사람이 2주일에 한 번씩만 낙엽을 치운다.

ⓒ 다른 사람을 고용해 당신 몫을 하게 한다.

ⓓ 바쁘다며 참여하는 것을 거부한다.

---

07 하우스메이트가 할당된 생활비를 제때 내지 않고 있다.

ⓐ측은하게 여기고 돈을 빌려준다.

ⓑ 공과금 미납이 왜 문제가 되는지 반복해서 설명한 다음, 그 사람 몫을 대신 내줄 수는 없다고 말한다.

ⓒ 그 사람이 돈을 낼 때까지 공과금이 계속 미납되도록 내버려둔다.

ⓓ 협약의 기본 사항을 어겼으므로 나가달라고 한다.

08 다른 하우스메이트들이 항상 식료품 쇼핑을 한다. 하지만 그들은 당신이 원하는 제품들을 사오지 않는다.

ⓐ 원하는 제품들을 사오지 않는다고 불평한다.

ⓑ 원하는 제품들을 식료품 목록에 구체적으로 적는다.

ⓒ 나가서 당신이 원하는 제품들을 따로 사온다.

09 하우스메이트의 가족이 매우 먼 지역에 살고 있다. 당신이 당신의 가족들과 집에서 즐겁게 지내고 있는데 그들이 4일간의 연휴를 이용해 방문했다.

ⓐ 그들이 숙박업소에 묵어야 한다고 주장한다.

ⓑ 그들과 몇몇 활동은 함께 하지만, 당신 가족의 전통을 고수하며 근처에 사는 친척의 집에서 명절을 보낸다.

ⓒ 침실 문을 잠근 다음 다른 곳으로 떠난다.

ⓓ 다른 곳으로 떠난다. 단 먼저 침실 청소를 한 다음 하우스메이트의 가족들에게 당신의 침실을 사용하라고 권유한다.

10 협동주택에 사는 사람들과 다 아는 사이인 어떤 친구

가 오직 한 명에게만 외식을 하고 영화를 보자고 초대한다.

ⓐ 끼어도 되느냐고 물어본다.

ⓑ 상처를 받고 그 두 사람이 당신을 좋아하지 않는다고 생각한다.

ⓒ 당신과 아무 상관 없기 때문에 당신 할 일을 한다.

ⓓ 그 두 사람이 함께 시간을 보낼 수 있는 좋은 기회라고 생각한다.

---

11 하우스메이트가 항상 설거지 통에 그릇을 쌓아둔다.

ⓐ 그릇을 물로 헹군 다음 식기세척기에 집어 넣고서 아무 말도 하지 않는다. 강요하거나 감정을 상하게 만들고 싶지 않기 때문이다.

ⓑ 그릇을 그대로 내버려둔다. 하지만 맘에 들지 않는다.

ⓒ 당신이 사용한 그릇도 설거지통에 내버려두기 시작한다.

ⓓ 정리정돈에 관한 합리적 기준에 대해 하우스 메이트들과 논의한다.

---

12 사람이 없는데 집에 전기가 켜져 있는 것을 자주 발견한다.

ⓐ 짜증이 나지만 뭐라고 하면 하우스메이트 들이 당신

을 강박적이라고 생각할까봐 아무 말도 꺼내지 않는다.

ⓑ 하우스메이트들에게 자연보호와 재정문제에 대한 염려를 이야기하고 변화를 요청한다.

ⓒ 때때로 사람들이 깜빡할 수 있다는 것을 알기 때문에 그냥 전기를 끄고 크게 신경쓰지 않는다.

13 공동계좌에 항상 잔액이 부족하다.

ⓐ 어떤 하우스메이트가 공동계좌를 엉망으로 만들었는지 알아내서 그 사람에게 직접 이야기한다.

ⓑ 정확성을 높이기 위해 온라인뱅킹서비스에 대해 알아본다.

ⓒ 자신이 공동계좌를 정확하게 이용하고 있는지부터 먼저 확인해본다.

14 하우스메이트가 자꾸 공동공간에 개인 물건을 놔둔다.

ⓐ 그 사람에게 자신의 물건을 개인공간에 둬달라고 부탁한다.

ⓑ '2층으로 가져가야 하는 물건들' 바구니에 그 사람 물건을 넣는다.

ⓒ 그 물건들을 쓰레기통에 버린다.

15 하우스메이트가 누군가와 전화로 말다툼하는 소리가

들린다.

ⓐ 대화는 사생활이기 때문에 모른 척한다.

ⓑ 통화하는 소리가 너무 커 대화를 듣지 않을 수 없었다고 말한 후, 그 대화에 대해 뭔가 이야기하고 싶은 말이 있는지 물어본다.

ⓒ 무엇에 대해 다퉜냐고 물어본다.

ⓓ 그런 톤으로 말다툼하는 것은 아무 도움도 되지 않는다고 말해주고 사람들과 더 잘 자낼 수 있는 방법들을 알려준다.

…………………

16 하우스메이트가 책 읽는 것을 좋아한다. 하지만 당신은 대화 하는 것을 더 좋아한다.

ⓐ 그 사람의 침묵에 분개한다.

ⓑ 그 사람이 책을 읽는 동시에 당신과 대화를 나누게 만들려고 애쓴다.

ⓒ 조용한 취미를 계발해 같은 공간에서 사이좋게 취미생활을 한다.

ⓓ 다른 곳에 가서 따로 뭔가를 한다.

…………………

17 당신은 출장을 자주 가기 때문에 하우스메이트들이 집안일을 죄다 해야 한다.

ⓐ 가사도우미를 고용하도록 별도의 돈을 내겠다고 하

우스메이트들과 합의한다.

ⓑ 집안 일을 하지 않게 돼 기쁘다.

ⓒ 돌아와서 다른 사람들이 해놓은 일들이 마음에 들지 않으면 불평한다.

ⓓ 하우스메이트들이 당신의 의사를 묻지 않고서 협동 주택내에서 중대한 변화를 일으켰음에도 불구하고 아무 말도 하지 않는다.

....

18 직장에서 1주일을 매우 힘들게 보낸 후 당신은 거실에서 축구 경기를 틀어놓고 퍼즐을 맞추면서 휴식을 취하고 있다. 그때 하우스메이트가 청소를 시작하며 냉장고를 정리하는 소리가 들린다.

ⓐ 하우스메이트에게 도움이 필요한지 묻는다.

ⓑ 즉시 텔레비전을 끄고 가서 도와준다.

ⓒ 계속 퍼즐을 맞추며 축구 경기를 본다.

ⓓ 하우스메이트에게 쉬어야 하기 때문에 이번에는 도와주지 못하겠다고 말한다. 자기 몫을 남겨놓으면 나중에 하거나 아니면 나중에 다른 일을 하겠다고 한다.

....

19 당신은 침대에서 책을 읽고 있다. 하우스메이트가 초대하지도 않았는데 방에 들어와서 바닥에 털썩 주저앉아 수다를 떨기 시작한다.

ⓐ 짜증이 나는 것을 꾹 참고 책을 내려놓고서 대화를 나눈다.

ⓑ 나중에 문에 '들어오지 마시오' 표지를 걸어놓은 채 문을 닫아놓는다.

ⓒ 하우스메이트에게 방에 들어오기 전에는 노크를 하거나 들어가도 되냐고 물어보라고 상기시킨다.

ⓓ 책 읽을 개인시간을 원한다고 정중하게 말하고 다음 기회에 이야기하고 싶다고 말한다.

---

20 하우스메이트는 담배를 피우지만 당신은 피우지 않는다. 실외에서 담배를 피우는 걸로 동의했지만 하우스메이트가 거실과 주방에서 자주 담배를 피운다. 모든 물건에 담배 냄새가 뱄다.

ⓐ 꾹 참으며 담배 냄새를 맡으며 산다.

ⓑ 담배와 재떨이를 발견할 때마다 쓰레기통에 처박아 버린다.

ⓒ "당신은 협동주택 규칙을 어기고 있어요. 담배를 피우려면 밖에 나가서 피워야 해요"라고 말한다.

ⓓ 냄새가 없는 방에만 머문다.

---

21 하우스메이트가 항상 음악을 틀어놓는다. 당신은 조용한 것을 좋아한다.

ⓐ 거슬리지만 그의 취미이니 그냥 내버려둔다.

ⓑ 적극적으로 음악을 감상할 때가 아니면 음악을 꺼달라고 부탁한다.

ⓒ 개인공간에서는 음악을 틀어놓아도 상관없지만 공동공간에서는 그러지 말라고 한다.

ⓓ 헤드폰을 연결하거나 mp3 플레이어를 사용해달라고 한다.

22 당신은 이웃과 잘 지내는 것이 중요하다고 생각한다. 하지만 하우스메이트는 불친절한 데다 때때로 이웃 아이들에게 못되게 굴기도 해 아이들의 부모가 불쾌해 한다.

ⓐ 이웃을 만났을 때 당신이 대신 사과한다.

ⓑ 아이들에게 특별한 선물을 줘서 하우스메이트의 무례함을 보상하려 애쓴다.

ⓒ 이웃을 점점 더 자주 초대한다.

ⓓ 하우스메이트가 이웃에게 어떤 인상을 남기고 있는지에 대해 하우스메이트와 대화를 나눈다.

23 집에 입주하기 전에 하우스메이트들과 각자의 재정 정보를 공유하기로 합의했다.

ⓐ 주요 자산과 빚을 알리지만 재정 정보를 모조리 다 털

어놓지는 않는다. 일부 부끄러운 부분이 있기 때문이다.

ⓑ 주요 자산과 빚에 대한 전체 목록을 작성해서 하우스메이트들과 검토한다.

ⓒ 하우스메이트들에게 서류 파일들이 있는 당신의 캐비닛 열쇠를 건네주며 "내 것, 네 것 구분 말죠"라고 말한다.

24 집을 계약하기로 한 날까지 2주밖에 남지 않았는데, 예비 하우스메이트 중 한 명이 실직을 해서 정해진 몫의 계약금을 낼 수 없다고 알린다.

ⓐ 그 사람에게 괜찮다고 말한 후 임시로 그 사람 몫의 계약금을 대신 내준다.

ⓑ 전체 계획을 취소한다.

ⓒ 부동산중개업자와 은행에 연락해 매매거래를 뒤로 미룬다.

25 당신 그리고 세 사람이 함께 산 지 4개월이 됐다. 어느 날 당신은 거실에 들어가다가 한 사람이 소형권총을 닦고 있는 것을 발견한다. 당신은 집에서 무기를 소지하는 것에 반대한다. 하지만 이 주제에 대해 논의해야겠다는 생각 자체를 미처 못했다.(꼭 총이 아니라도 예민한 물건일 경우)

ⓐ 그 사람에게 즉시 총을 없애달라고 요구한다.

ⓑ 소리를 지른 다음 개인공간으로 도망가서 총이 없어졌다는 확신이 들 때까지 거기에 머무른다.

ⓒ 그 사람에게 집에 총을 두는 것은 당신이 수용할 수 없는 부분이라고 말한다. 하지만 왜 총이 필요하다고 생각했는지 납득할 만한 이유를 알려 달라고 말한다.

ⓓ 그 사람에게 총을 어디에 보관할 것인지에 대해 협약서를 써달라고 한다. 걱정을 덜 수 있도록 말이다.

26 당신은 거의 모든 면에서 훌륭한 하우스메이트가 될 것 같은 4명의 사람들을 발견했다. 하지만 종교적 관점과 정치적 관점이 서로 다르다는 사실을 알게 되었다. 총 5명 중 3명은 복음을 전파하는 일에 매우 적극적이다. 다른 2명은 종교가 없고 교회를 부정적으로 생각한다. 또한 5명 중 2명은 정치적 성향이 매우 보수적이고 다른 2명은 중도적이고 나머지 1명은 극도로 진보적이다.

ⓐ 서로 근본적 신념이 너무 차이가 나기 때문에 평화롭게 공존하기 힘들다고 판단하고서 함께 사는 것을 포기한다.

ⓑ 서로의 차이가 오히려 활발하게 토론할 수 있는 좋은 기회가 될 거라고 판단하고 더 깊이 논의하지 않고 함께 거주할 계획을 세운다.

ⓒ 예비 하우스메이트들에게 종교와 정체에 대한 서로의 가치관 차이가 긍정적 영향을 미칠 것 같은지 부정적 영향을 미칠 것 같은지 이야기 해보자고 제안한다. 그 논의를 바탕으로 공동체를 위한 가이드라인을 만든다.

27 특정한 비누, 양초, 향수 냄새는 당신에게 편두통을 유발한다. 함께 산 지 얼마 되지 않았을 때, 하우스메이트 중 한 명이 양초를 켰는데 머리가 지끈거리기 시작한다.

ⓐ 즉시 양초를 꺼버린다.

ⓑ 하우스메이트에게 이렇게 말한다. "죄송하지만 제가 특정한 향들을 맡으면 편두통이 생겨요. 공교롭게도 당신이 켠 양초가 그 중 하나네요. 꺼줄 수 있나요? 제가 우리 둘 다 좋아할 만한 양초로 바꿔놓을게요."

ⓒ 하우스메이트에게 이렇게 말한다. "그 양초 때문에 머리가 지끈거려요. 꺼주시면 안 될까요?"

ⓓ 화가 나지만 꾹 참고 편두통 약을 먹는다.

28 당신은 3명의 친구들과 협동주택을 만드는 것에 대해 생각하고 있다. 당신과 친구들은 집을 계약하기 직전이고 한 달 예산에 대해 논의하고 있다. 하지만 매달 내야 할 돈을 계산해보니 당신에게 너무 무리이다.

ⓐ 좀 무리를 해서라도 꼭 같이 살고 싶으므로 준비를 계속 추진한다.

ⓑ 예비 하우스메이트들에게 참여하고 싶지만 예산이 당신에게 너무 무리라고 솔직하게 이야기한다.

ⓒ 예비 하우스메이트들에게 계획에 참여할 수 없겠다고 말한다.

이제 여러분의 차례다.

자신에게 특별히 중요한 문제들을 반영하여 자기만의 질문들을 만들어보기 바란다. 예를 들어, 남녀혼성 협동주택이나 세대간 협동주택(자녀가 있는 성인들 혹은 성인들과 그들의 부모로 이루어진 주택)의 공동주거 방식, 위생문제, 세탁수칙, 건강문제 혹은 그 밖의 여러 가지 것들에 대해 물어보고 논의할 수 있다.

앞에서 말했듯이 이 질문에 '정답'은 없다. 다만 우리의 경험을 통해, 함께 살려는 의사를 잘 나타내는 답 혹은 일이 돌아가게끔 하는 답들이 있다는 걸 배웠다. 여러분은 어땠는가? 여러분이 다음과 같은 일들을 할 수 있다는 사실을 보여주는 답들을 선택했는가?

1 · 문제를 무시하거나 상대에게 앙갚음하는 대신 문제에 정면으로 부딪칠 수 있다.

2 · 감정을 자제하면서 마음을 열고 솔직한 태도로 상황에

대해 논의할 수 있다.

3 · 자기 자신과 다른 사람들을 모두 고려하여 힘든 결정을 내릴 수 있다.

4 · 민주적으로 결정된 사안을 분노 없이 받아들이고 실천할 수 있다.

만약 이 질문들에 솔직하게 '그렇다'라고 대답할 수 있다면 여러분은 협동주택에 충분히 살 수 있다.

부록2

공동체주택에 대한 소비자 인식 조사*

1. 조사 방법

본 조사는 중장년세대의 공동체주택에 대한 인식 조사에 관한 것이다. 본 연구의 조사 대상은 만 45세 이상의 서울, 수도권에 거주하는 중장년 세대로 연구 조사의 신뢰성을 높이기 위해 Data Springs 회사의 패널을 대상으로 온라인 설문방법을 이용하여 실시하였다. 설문은 응답자가 응답을 직접 할 수 있도록 자기응답방식으로 진행하였다. 연구의 신뢰성을 높이기 위해서 1차로 2016년 7월 10일~12일에 걸쳐 20명을 상대로 프리테스트(Pretest)를 실시하였다. 여기서 응답자로부터 얻은 의견을 바탕으로 설문지를 수정 및 보완하여 본 조사 시 발생할 수 있는 측정 및 비 측정오차를 최소화하고자 하였다.

---

* 본 자료는 서울시50플러스재단의 연구비 지원과 SK와 세스넷이 공동 수행하는 2016 프로보노 사업에 참여하신 SK 이희천 프로보노 님의 재능기부로 제작되었습니다.

본 조사는 2016년 7월 18일~26일(총 9일)에 걸쳐 조사를 실시하였고, 총 256명으로부터 자료를 수집할 수 있었다. 수집된 설문지의 통계분석은 SPSS Statistics 24와 EXCEL을 사용하여 분석하였다. 우선 전반적인 표본분석에 대한 인구통계학적 변수를 살펴보기 위해서 빈도분석을 실시하였다. 둘째로는, 각 설문항목별 빈도분석, 다중응답분석(Multiple Response Analysis)과 기술통계 분석을 실시하였다. 특히 다중응답분석은 중복응답을 분석하는 방법으로 공동체주택 정보 수집경로, 커뮤니티 공간 구성 시, 필요 공간 등의 문항에서 사용하였다. 셋째로는, 유의미한 통찰을 도출하기 위해 상관관계 분석 등을 실시하였다.

2. 표본의 구성

조사 대상자의 인구통계학적 특성을 살펴보면, 본 설문에 응한 답변자는 총 206명으로 성별, 연령, 거주지, 거주 주택유형, 직업, 주거 소유형태, 거주면적, 거주기간, 거주 구성원 수, 보유 총자산 규모, 가구 연간소득, 주거비용, 가구 생활비를 조사하였다. 특히 조사 대상자를 서울/수도권 거주자로 만 45세 이상으로 제한을 둔 이유는 중장년세대의 공동체주택에 대한 이해도가 높을 것이라는 판단표본추출방법에 따른 것이다. 상세 분석결과는 다음의 [표 1]과 같다.

[표 1] 조사 대상자의 인구 통계학적 특성 (n=256명)

항목		빈도	(%)	항목		빈도	(%)
성별	남자 여자	127 129	49.6% 50.4%	주거 소유 형태	자가 전세 보증부월세 무보증월세	157 61 34 4	61.3% 23.8% 13.3% 1.6%
나이	만45~49세 만50~54세 만55~59세 만60~64세	70 95 59 32	27.3% 37.1% 23.0% 12.5%	거주 평수	20평 미만 20~30평대 40평대 50평 이상	46 62 105 29 14	18.0% 24.2% 41.0% 11.3% 5.5%
거주지	서울 경기/인천 무응답	149 106 1	58.2% 41.4% 0.4%	거주 기간	3년 미만 3~5년 5~7년 7~10년 10년 이상	67 41 42 34 72	26.2% 16.0% 16.4% 13.3% 28.1%
주택유형	단독주택 다세대주택 아파트 기타	23 55 168 10	9.0% 21.5% 65.6% 3.9%	보유 총자산	3억원 미만 3~5억원 이하 5~7억원 이하 7~10억원 이하 10억원 이상	117 53 37 29 20	45.7% 20.7% 14.5% 11.3% 7.8%
직업	전문직 관리사무직 판매서비스직 생산직 자영업 주부 무직 기타	40 94 18 9 29 45 9 12	15.6% 36.7% 7.0% 3.5% 11.3% 17.6% 3.5% 4.7%	가구 연간 소득	2천만원 미만 2~5천만원 미만 5~7천만원 미만 7~10천만원 미만 10천만원 이상	52 76 62 49 17	20.3% 29.7% 24.2% 19.1% 6.6%
				가구 총 한달 생활비	50만원 미만 50~70만원 미만 70~100만원 미 만 100~150만원 미 만 150만원 이상	13 24 39 59 121	5.1% 9.4% 15.2% 23.0% 47.3%

3. 조사 분석 결과

설문항목은 크게 공동체주택에 대한 현재 수준 조사 (공동체주택 인지도, 관심도 등), 공동체주택 기대수준 조사(투자금액, 공간구성의 중요도 등), 전환 의향(주거전환 시점, 전환의향 장애요인 등)로 구분하였고, 상세 분석결과를 정리하면 다음과 같다.

(1) 공동체주택에 대한 현재 수준 조사

가. 현재 거주주택의 삶의 질 향상 정도

현재 거주주택이 본인이 생각하는 삶의 질을 얼마나 높여주는지에 대한 분석결과, 5점 만점(리커트 척도) 기준으로 평균 3.05으로 나타났다. 즉, 전체적으로는 현재 거주주택이 본인이 생각하는 삶의 질에 부정적으로도 긍정적으로도 영향을 미치지 않는 것으로 나타났다. 특히, 전체 응답자의 50명(20%)는 현재 거주하는 주택이 본인이 생각하는 삶의 질에 부정적인 영향을 미치는 것으로 나타났다.

[표 2] 현재 거주주택의 삶의 질 (n=256)

구분	빈도	퍼센트
매우 높여준다	4	1.6%
높여준다	66	25.8%
보통이다	136	53.1%
높여주지 않는다	39	15.2%
전혀 높여주지 않는다	11	4.3%

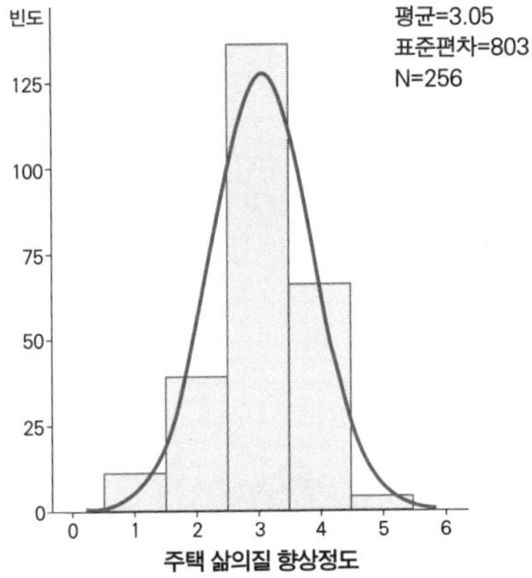

나. 공동체주택 인지도

공동체주택에 대한 인지도를 분석한 결과, 5점 만점 기준(리커트 척도)으로 평균 2.96으로 나타났다. 특히 전체 응답자의 72명(28.1%)은 공동체주택에 대해 알지 못한다고 응답하였다.

[표 3] 공동체주택 인지도 (n=256)

구분	빈도	퍼센트
매우 잘 안다	7	2.7%
잘 안다	56	21.9%
보통이다	121	47.3%
모른다	**64**	**25.0%**
전혀 모른다	**8**	**3.1%**

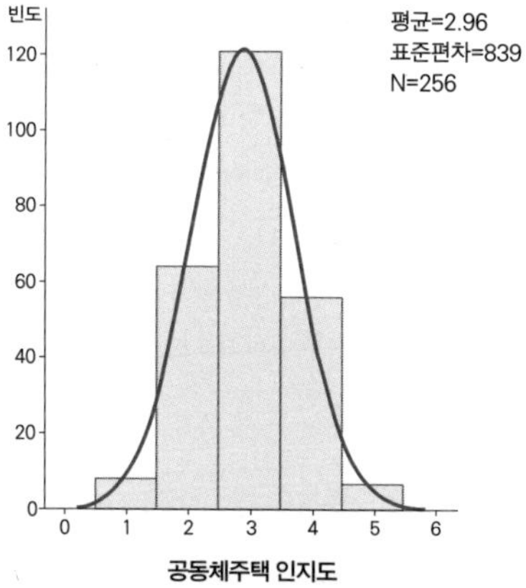

다. 공동체주택 관심도

공동체주택에 대한 관심도를 분석한 결과, 5점 만점 기준(리커트 척도)으로 평균 3.5점으로 나타났다. 특히 전체 응답자의 137명(53.5%)는 공동체주택에 대해 관심이 있는 것으로 나타났다.

[표 4] 공동체주택 관심도 (n=256)

구분	빈도	퍼센트
매우 관심 있다	**26**	**10.2%**
관심 있다	**111**	**43.4%**
보통이다	87	34.0%
관심 없다	29	11.3%
전혀 관심 없다	1	1.2%

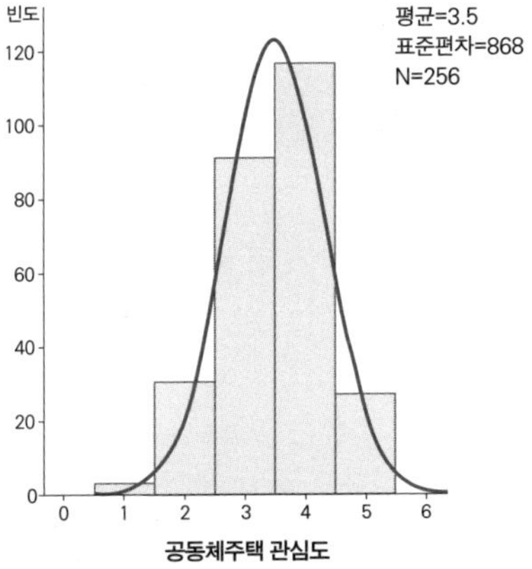

라. 공동체주택 관련 정보 습득경로

공동체주택에 대한 관련 정보 수집경로를 중복응답 형태로 설문 분석한 결과, 인터넷 (36.3%) 〉 TV (30.5%) 〉 지인 (15.6%) 순으로 나타났다.

[표 5] 공동체주택 관련 정보 습득경로 (n=총 응답수 377)

구분	빈도	퍼센트
TV	**115**	**30.5%**
라디오	8	2.1%
신문	43	11.4%
인터넷	**137**	**36.3%**
도서	15	4.0%
지인	58	15.4%
기타	1	0.3%

(2) 공동체주택에 대한 기대 수준 조사

가. 공동체주택에 거주하고 싶은 이유

공동체주택에 거주하고 싶은 가장 큰 이유로는 노후에 혼자 살기 싫어서 (30.5%) 〉 주거비 절감 (20.5%) 〉 공동체 삶이 좋아서 (16.8%) 순으로 나타났다. 즉, 공동체 삶과 연관이 있는 '노후에 혼자 살기 싫어서'와 '공동체 삶이 좋아서'를 합치면 전체의 절반 수준(47.3%)이 공동체 삶을 원하는 것으로 나타났다.

[표 6] 공동체주택에 거주하고 싶은 이유 (n=256)

구분	빈도	퍼센트
공동체 삶이 좋아서	43	16.8%
노후에 혼자 살기 싫어서	78	30.5%
높은 전월세 비용부담 때문에	25	9.8%
주거비 절감	52	20.3%
아파트를 벗어나고 싶어서	20	7.8%
지역(마을)에 정착하고 싶어서	35	13.7%
기타	3	1.2%

나. 거주하고 싶은 공동체주택 형태

거주하고 싶은 공동체주택의 형태를 분석한 결과, 코하우징 다세대주택(개인소유&공동관리) (52.0%) 〉 세대별 원룸과 공용공간 다세대 주택(공동소유&공동관리) (32.0%) 〉 셰어하우스(공동소유&공동관리) (14.5%) 순으로 나타났다.

[표 7] 거주하고 싶은 공동체주택 유형 (n=256)

구분	빈도	퍼센트
코하우징 다세대 주택 (개인소유&공동관리)	133	52.0%
세대별 원룸과 공용공간이 있는 다가구 주택 (공동소유&공동관리)	82	32.0%

셰어하우스 (공동소유&공동관리)	37	14.5%
기타	4	1.6%

다. 공동체주택으로 거주하고 싶은 지역

공동체주택으로 거주하고 싶은 지역으로는 수도권 자연친화적 지역 (44.5%) 〉 서울 변두리 주택가 (19.5%) 〉 서울 도심권 (14.1%) 순으로 나타났다.

[표 8] 공동체주택으로 거주하고 싶은 지역 (n=256)

구분	빈도	퍼센트
서울 도심권	36	14.1%
서울 변두리 주택가	50	19.5%
수도권 주택가	21	8.2%
수도권 자연친화적 지역	**114**	**44.5%**
자리 잡은 마을공동체 지역	32	12.5%
기타	3	1.2%

라. 공동체주택 적정 세대수

응답자가 생각하는 공동체주택의 적정 세대수를 분석한 결과, 3~5세대(49.2%) 〉 6~8세대(30.9%) 〉 9세대 이상(12.9%) 순으로 나타났다.

[표 9] 공동체주택 적정 세대수 (n=256)

구분	빈도	퍼센트
2세대	18	7.0%
3~5세대	**126**	**49.2%**
6~8세대	79	30.9%
9세대 이상	33	12.9%

마. 세대별 맞춤형 전용공간 구성의 중요도

공동체주택에서 세대별 맞춤형 전용공간(화장실, 주방 등) 구성의 중요도를 분석한 결과, 5점 만점 기준(리커트 척도) 평균 4.02로 높게 나타났다. 특히 전체 응답자의 220명(87.9%)는 세대별 맞춤형 전용공간 구성이 중요한 것으로 보았다.

[표 10] 세대별 맞춤형 전용공간 구성의 중요도 (n=256)

구분	빈도	퍼센트
매우 중요하다	**49**	**19.1%**
중요하다	**171**	**66.8%**
보통이다	29	11.3%
중요하지 않다	7	2.7%
전혀 중요하지 않다	1	0.4%

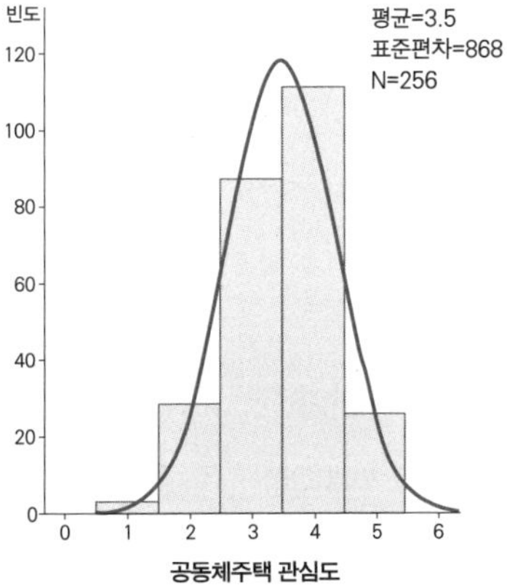

바. 세대별 전용 거주 공간 크기

세대별 전용 거주 공간 크기를 분석한 결과, 10~15평 원룸 (37.9%) 〉 15평 이상 다세대 (30.9%) 〉 7~10평 원룸 (26.2%) 순으로 나타났다.

[표 11] 세대별 전용 거주 공간 크기 (n=256)

구분	빈도	퍼센트
5~7평 원룸	13	5.1%
7~10평 원룸	67	26.2%
10~15평 원룸	**97**	**37.9%**
15평 이상 다세대	79	30.9%

사. 세대별 전용 거주 공간 집기시설 필요 순위

세대별 전용 거주 공간에 필요한 집기시설 필요 순위를 분석한 결과, 1순위는 화장실 (66.8%), 2순위는 미니주방 (31.3%), 3순위는 붙박이장 (19.1%) 순으로 나타났다.

[표 12] 세대별 전용 거주 공간 집기시설 필요 순위 (n=256)

구분	1순위		2순위		3순위	
	빈도	퍼센트	빈도	퍼센트	빈도	퍼센트
화장실	**171**	**66.8%**	36	14.1%	10	3.9%
미니주방	14	5.5%	**80**	**31.3%**	44	17.2%
붙박이장	5	2.0%	27	10.5%	**49**	**19.1%**

침대	46	18.0%	44	17.2%	40	15.6%
책상	3	1.2%	7	2.7%	16	6.3%
책장	0	0.0%	2	0.8%	4	1.6%
냉장고	4	1.6%	32	12.5%	43	16.8%
TV	9	3.5%	18	7.0%	29	11.3%
세탁기	1	0.4%	9	3.5%	19	7.4%
기타	3	1.2%	1	0.4%	2	0.8%

아. 공용 커뮤니티 공간의 중요도

공동체주택에서 공용 커뮤니티(공용주방, 게스트룸 등)의 중요도를 분석한 결과, 5점 만점 기준(리커트 척도) 평균 4.03으로 높게 나타났다. 특히 전체 응답자의 208명(81.2%)는 공용 커뮤니티 공간이 중요한 것으로 보았다.

[표 13] 공용 커뮤니티 공간의 중요도 (n=256)

구분	빈도	퍼센트
매우 중요하다	**60**	**23.4%**
중요하다	**148**	**57.8%**
보통이다	42	16.4%
중요하지 않다	5	2.0%
전혀 중요하지 않다	1	0.4%

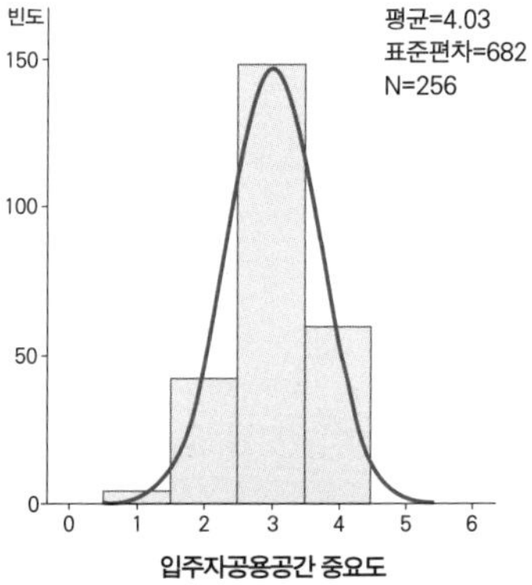

자. 공용 커뮤니티 공간에서 필요 시설 순위

공용 커뮤니티 공간을 구성할 때, 필요 시설 순위를 분석한 결과, 1순위는 공용 주방 (30.7%), 2순위와 3순위는 공용 세탁실로 각각 19.1%, 18.3% 순으로 나타났다.

[표 14] 공용 커뮤니티 공간의 필요 순위 (n=256)

구분	1순위		2순위		3순위	
	빈도	퍼센트	빈도	퍼센트	빈도	퍼센트
공용 주방	**78**	**30.7%**	38	14.8%	29	11.6%
게스트룸	26	10.2%	39	15.2%	37	14.7%
공용 창고	11	4.3%	27	10.5%	37	14.7%
공용 거실	60	23.6%	45	17.6%	25	10.0%
텃밭	56	22.0%	33	12.9%	38	15.1%
공용 세탁실	12	4.7%	**49**	**19.1%**	**46**	**18.3%**
공용 서재	10	3.9%	23	9.0%	38	15.1%
기타	1	0.4%	2	0.8%	1	0.4%
결측값	2	-	-	-	5	-

차. 공동체주택 거주인 유형

공동체주택에 같이 살고 싶은 분들의 유형을 분석한 결과, 잘 알지는 못하더라도 어느 정도 관심사가 비슷한 사람 (53.9%) 〉 어느 정도는 아는 사람 (32.4%) 〉 매우 잘 아는 사람 (9.4%) 순으로 나타났다.

[표 15] 공동체주택 거주인 유형 (n=256)

구분	빈도	퍼센트
전혀 알지 못하는 새로운 사람	9	3.5%
잘 알지는 못하더라도 어느 정도 관심사가 비슷한 사람	**138**	**53.9%**
어느 정도는 아는 사람	83	32.4%
매우 잘 아는 사람	24	9.4%
기타	2	0.8%

카. 입주자와 같이 하고 싶은 활동

공동체주택에서 입주자와 같이 하고 싶은 활동을 중복응답 분석한 결과, 텃밭 농사 (42.1%) 〉 공동사업 또는 일 (21.2%) 〉 여행 (19.9%) 순으로 나타났다.

[표 16] 공동체주택 관련 정보 습득경로 (n=총 응답수 387)

구분	빈도	퍼센트
공동 취사	61	15.8%
텃밭 농사	**163**	**42.1%**
여행	77	19.9%
공동 사업 또는 일	82	21.2%
기타	4	1.0%

타. 공동체주택 설립 투자의향 규모

향후 공동체주택 설립을 위한 투자의향 규모를 분석한 결과, 1억원 미만 (44.9%) 〉 1~2억원 미만 (41.8%) 〉 2~3억원 미만

(11.7%) 순으로 나타났다. 전체 응답자의 222명(86.7%)는 1억원 수준에서 투자의향이 있는 것으로 나타났다.

[표 17] 세대별 전용 거주 공간 크기 (n=256)

구분	빈도	퍼센트
1억원 미만	**115**	**44.9%**
1~2억원 미만	**107**	**41.8%**
2~3억원 미만	30	11.7%
3~4억원 미만	4	1.6%
4억원 이상	-	-

파. 공동체주택 코디네이터 역할 필요성

공동체주택 설립을 위해 코디네이터(세대별 요구사항 파악, 조정, 중재, 컨설팅 역할 수행)의 필요성을 분석한 결과, 5점 만점 기준(리커트 척도) 평균 4.0으로 높게 나타났다. 특히 전체 응답자의 195명(76.2%)는 코디네이터의 역할이 필요한 것으로 보았다.

[표 18] 공동체주택 코디네이터 역할 필요성 (n=256)

구분	빈도	퍼센트
매우 필요하다	**68**	**26.6%**
필요하다	**127**	**49.6%**
보통이다	57	22.3%
필요하지 않다	2	0.8%
전혀 필요하지 않다	2	0.8%

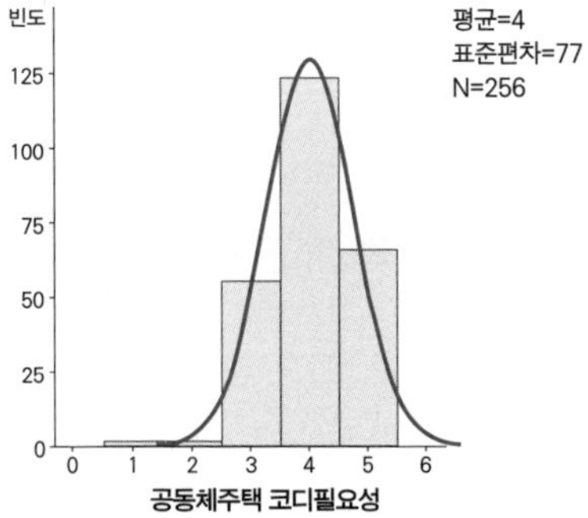

(3) 공동체주택에 전환의향 조사

가. 공동체주택 전환의향

향후 공동체주택 전환의향을 분석한 결과, 5점 만점 기준(리커트 척도) 평균 3.43으로 나타났다. 특히 전체 응답자의 142명(55.5%)는 공동체주택으로 전환의향이 있는 것으로 나타났다.

[표 19] 공동체주택 전환 의향 (n=256)

구분	빈도	퍼센트
매우 있다	15	5.9%
어느 정도 있다	127	49.6%
보통이다	75	29.3%
별로 없다	32	12.5%
전혀 없다	7	2.7%

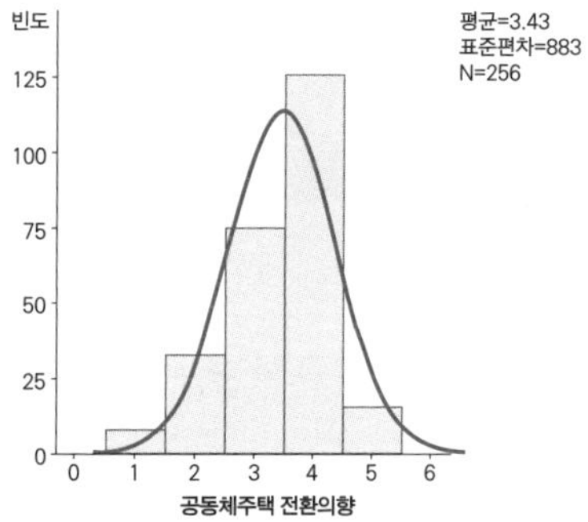

나. 공동체주택 전환의향 향상 방안

향후 추가적으로 어떠한 지원이 있으면 공동체주택 전환의향이 높아질 것인지 중복응답 분석한 결과, 투자금 보장 (32.8%) 〉 공동체주택 단기 사전체험 프로그램 (22.7%) 〉 공동체주택 탐방 및 입주자면담 (18.7%) 순으로 나타났다.

[표 20] 공동체주택 전환의향 향상 방안 (n=총 응답수 418)

구분	빈도	퍼센트
공동체주택 주거 이론 교육	36	8.6%
공동체주택 탐방 및 입주자 면담	78	18.7%
투자금 보장	**137**	**32.8%**
참여자 정례 모임	28	6.7%
공동체 정례 모임	44	10.5%
공동체주택 단기 사전체험 프로그램	95	22.7%

다. 공동체주택 전환 시점

향후 공동체주택 전환 시점을 분석한 결과, 자녀들 독립 후 부부만 남았을 때(30.1%) 〉 나중에 홀로 되었을 때 (28.9%) 〉 경제활동에서 은퇴 이후 (27.3%) 순으로 나타났다.

[표 21] 세대별 전용 거주 공간 크기 (n=256)

구분	빈도	퍼센트
지금 당장	8	3.1%
경제활동에서 은퇴 이후	70	27.3%
나중에 홀로 되었을 때	74	28.9%
자녀들 독립 후 부부만 남았을 때	**77**	**30.1%**
전혀 고려하지 않음	23	9.0%
기타	4	1.6%

라. 공동체주택 전환 장애요인

공동체주택으로 전환하는 데 가장 큰 장애요인을 중복응답 분석한 결과, 같이 사는 사람들에 대한 두려움 (25.7%) 〉 뭔가 문제가 많을 거 같음 (17.7%) 〉 투자금 보전에 대한 두려움 (17.5%) 순으로 나타났다.

[표 22] 공동체주택 전환의향 향상 방안 (n=총 응답수 418)

구분	빈도	퍼센트
아직까지 혼자의 삶이 좋다	35	8.5%
투자금 보전에 대한 두려움	72	17.5%
매매가 어려울 거 같다	48	11.7%
투자수익을 기대하기 어려움	26	6.3%
같이 사는 사람들에 대한 두려움	**106**	**25.7%**
뭔가 문제가 많을 것 같다	73	17.7%
공동체주택이 아직 필요하지 않다	51	12.4%
기타	1	0.2%

(4) 추가 분석

가. 기술통계 분석

현재 거주하는 주택이 조사 대상자의 삶의 질을 얼마나 높여준다고 생각하는지와 같이 리커트 척도(5점 만점)로 질문한 문항에 대해서는 기술통계 분석을 수행하였다. 상세 분석결과는 아래의 [표 23]과 같다. 분석결과를 종합해보면, 현재 거주하는 주택이 삶의 질 향상 기여정도(3.05), 인지도(2.96), 관심도(3.50), 공동체주택전환 의향(3.49)로 낮은 반면에, 세대별 전용공간 구성의 중요도(4.02), 입주자 전용 커뮤니티 공간의 중요도(4.03), 공동체주택 코디 필요성(4.00)은 높은 수준으로 나타났다.

[표 23] 기술통계 분석

구분	평균	표준편차
거주 주택이 삶의 질 향상 기여 정도	3.05	0.803
공동체주택 인지도	2.96	0.839
공동체주택 관심도	3.50	0.868
세대별 전용공간 구성의 중요도	**4.02**	**0.644**
입주자 전용 커뮤니티 공간의 중요도	**4.03**	**0.692**
공동체주택 코디 필요성	**4.00**	**0.770**
공동체주택 전환의향	3.43	0.883

나. 상관관계 분석

상기 기술통계 분석에 사용한 리커트 척도(5점 만점)로 질문한 문항간 상관관계 분석을 수행하였다. 상세 분석결과는 다음의 [표 24]와 같다. 분석결과를 종합해보면, 공동체주택 관심도와 공동체주택 전환의향의 상관관계는 0.637로 높은 양의 상관관계가 있는 것으로 나타났다. 즉, 공동체주택으로의 전환의향을 높이기 위해서는 관심도 제고가 무엇보다 중요하다는 점을 확인할 수 있다.

[표 24] 상관관계 분석

구분	거주 주택 삶의 질 향상 기여 정도	공동체 주택 인지도	공동체 주택 관심도	세대별 전용 공간 구성의 중요도	입주자 전용 커뮤니티 공간의 중요도	공동체 주택 코디 필요성	공동체 주택 전환 의향
거주 주택이 삶의 질 향상 기여 정도	1						
공동체주택 인지도	0.067	1					
공동체주택 관심도	0.020	**0.528***	1				
세대별 전용공간 구성의 중요도	0.111	0.176*	0.309*	1			
입주자 전용 커뮤니티 공간의 중요도	0.124*	0.205*	0.399*	**0.521***	1		
공동체주택 코디 필요성	0.158*	0.170*	0.344*	0.427*	0.407*	1	
공동체주택 전환의향	0.091	0.335*	**0.637***	0.313*	0.351*	0.355%	1

*:0.05 수준에서 유의함

4. 결론

본 중장년 세대의 공동체 주거 인식조사의 주요 결과를 요약하면, 중장년세대는 현재 거주하는 주택공간이 본인의 삶의 질을 높여준다고 생각하지 못하는 것으로 나타났다. 공동체주택에 살고 싶은 가장 큰 이유는 노후에 혼자 살기 싫어서임에도 같이 사는 사람들에 대한 두려움 때문에 공동체주택 전환을 하지 못하는 것으로 나타났다. 공동체주택 전환을 높이기 위한 방안으로 투자금 보장방안 마련과 단기 사전 체험 프로그램인 것으로 나타났다.

중장년세대가 공동체주거로 전환하는 것은 단순히 집을 장만하는 것과는 차원이 다르다. 은퇴 후 삶을 어디서 누구와 무엇을 하며 살 것인지에 대해 고민하고 그 결과를 실천하는 것이다. 따라서 그러한 고민과 관심을 서로 나누고 관계를 맺고 발전시킬 수 있는 '공론의 장'의 필요하다. 마음 깊숙이 뿌리 깊게 자리잡고 있는 자산으로써 집이 아닌, 나의 삶과 우리의 삶을 담아낼 수 있는 사는 곳으로서의 집과 주거로 인식을 전환할 수 있는 교육이 필요하다. 사전 준비단계에서 안전하게 참여할 수 있는 커뮤니티 활동, 워크샵, 체험 프로그램 등이 필요하다. 공동체형성, 소유권문제, 금융문제, 자치규약, 주택관리 및 운영과 같은 비 건축적 이슈에 대해 밀착 자문을 해줄 수 있는 전문 코디네이터가 필요하다.

이러한 전환 과정을 통해 중장년세대가 집값에 집착하는 소비자에서 더불어 사는 공동체의 회복을 이끄는 새로운 주거문화의 주체로 변화하고 성장할 때, 비로서 공동체주택은 우리 사회의 의미 있는 주거의 하나로 확대되어 나갈 수 있을 것이다.

부록3

공동체주택 설립 및 운영에 관한 계약서(임대형)*

본 '공동체주택 설립 및 운영에 관한 계약서'(이하 "계약서"이라 한다)는 아래의 당사자들 사이에서 [*]년 [*]월 [*]일 체결되었다.

"갑" [이름]
[주민등록상의 주소지]
[주민등록번호]

"을" [이름]
[주민등록상의 주소지]
[주민등록번호]

* 본 자료는 SK와 세스넷이 공동 수행하는 2016 프로보노 사업에 참여하신 SK 프로보노 전소정 변호사님의 재능기부로 제작되었습니다.

"병" [이름]

[주민등록상의 주소지]

[주민등록번호]

제1조 (정의)

① 본 조에서 정의된 용어들은 문맥상 명백히 다른 의미를 가지는 경우를 제외하고는 본 계약 어디에서든지 본 조에서 정의된 의미를 가진다.

② "관리비용"이라 함은 공유물을 매수하여 "갑" 명의로 소유권 보존 또는 이전 등기를 완료한 이후, 공유물을 소유, 보존, 관리, 사용 또는 수익을 위해 소요되는 비용으로 초기 출자금을 제외한 비용을 의미한다.

③ "공유물"이라 함은 아래 주소의 부동산을 의미한다.

건물소재지		
면적	대지:	건물:
건물구조 및 용도		

④ "공용부분"이라 함은 별첨 1에 표기된 바와 같이 공유물에서 전유부분 이외의 나머지 공간을 의미한다.

⑤ “공정한 시장가격”이라 함은 국토교통부 실거래가 조회시스템에서 제시하는 공유물에 대한 매매가격을 의미한다.

⑥ “당사자들”이라 함은 “갑”, “을” 및 “병”을, “당사자”라 함은 “갑”, “을” 또는 “병”을 각 지칭한다. 경우에 따라서는 “갑”은 “소유권자인 당사자”로, “을” 또는 “병”은 “전세권자인 당사자”로 지칭한다.

⑦ “불가항력”이라 함은 천재지변, 정부조치, 폭동, 전쟁, 수출금지, 파업, 공장폐쇄, 운송사고, 항구혼잡 기타 합리적으로 예측하거나 통제할 수 있는 범위에 속하지 않은 사유로 동 사유로 계약서상의 의무 이행이 지체되거나 불가능해지는 경우를 의미한다.

⑧ “전유부분”이라 함은 본 계약의 별첨 1에 표기된 바와 같이 각 당사자가 독립된 주거생활을 영위할 수 있도록 구획된 부분을 의미한다.

⑨ “공유물 매매대금”이라 함은 당사자들이 공유물을 매수하기 위해 공유물의 전소유자에게 지급한 금액 또는 공유물을 신축하는 경우에는 신축하는데 소요된 비용을 의미한다.

⑩ "초기 출자금"이라 함은 당사자들이 공유물을 매수하기 위해 필요한 총액 一金 [*]원을 의미하며, 동 금액은 공유물 매매대금 一金 [*]원, 소유권이전등기 및/또는 전세권설정등기 관련된 제반 비용(공유물 취/등록세, 법무사 보수 등 포함) 一金 [*]원, 중개수수료 一金 [*]원, 공유물 청소 등 이사와 관련된 제반 비용 一金 [*]원으로 구성된다.

제2조 (목적)

본 계약의 목적은 당사자들이 공유물을 매매, 소유, 보존, 관리, 사용, 수익, 개량 또는 처분하는 것과 관련하여 상호 합의한 내용을 서면화하고, 공유물과 관련된 각 당사자의 권리 및 의무와 상호 협의가 필요한 사항 발생시 이에 대한 결정 절차와 방법을 규정함에 있다.

제3조 (출자)

① 당사자들은 아래와 같이 분담할 초기 출자금에 비례하여 공유물에 대한 지분을 가지며, 지분비율대로 공유물을 소유한다.

	지분비율	분담할 초기 출자금
"갑"		
"을"		
"병"		

② 당사자들은 본 계약 체결 일로부터 [*]일 이내에 상호 합의한 은행에 공동명의 계좌를 개설하고, 공동명의 계좌 개설일로부터 [*]일 이내에 자신의 지분비율에 상응하는 초기 출자금을 입금하여야 한다.

③ 당사자들은 초기 출자금 이외에 공유물을 보존, 관리, 사용, 수익, 개량 또는 처분함에 따라 발생하는 비용을 자신의 지분비율대로 분담하며, 공유물과 관련하여 발생한 수익에 대해 자신의 지분비율대로 권리를 가진다.

④ 당사자들은 관리비용으로 [*]에 해당하는 금액을 매월 25일 전까지 자신의 지분비율대로 공동명의 계좌에 입금하여야 한다. 공유물을 매수 또는 신축하기 위해 당사자들 또는 당사자 일방이 금융기관으로부터 대출을 받기로 합의한 경우, 금융기관에게 상환하여야 하는 원금과 이자도 관리비용에 포함된다.

⑤ 관리비용이 본 조 제4항의 기재된 금액을 초과하는 경우, 각 당사자는 초과 금액을 자신의 지분비율에 따라 부담하며, 부담 시기와 방법은 상호 협의하여 결정한다.

⑥ 초기 출자금과 관리비용 이외에 공유물과 관련하여 지출하게 되는 비용은 해당 비용을 발생하거나 지출할 개별 당사자가

단독으로 부담한다.

⑦ 본 계약 제8조에도 불구하고, 당사자 일방(이하 "위반 당사자"라 한다)이 본 조에서 정한 기한 내에 자신의 지분비율에 상응하는 초기 출자금 또는 관리비용의 입금을 지연하여 공유물을 매수하지 못하거나 제3자가 공유물에 설정한 담보권을 실행할 위험이 있는 등 당사자들에게 금전적 손해가 발생할 합리적인 개연성이 있는 경우, 다른 당사자들은 위반 당사자가 지급하고 있지 않은 금액을 자신의 지분비율대로 분담한 후, 입금 지연 시부터 실제 입금이 이루어질 때까지의 기간 동안의 이자를 청구하거나 위반 당사자의 지분 중 초기 출자금 대비 이자에 상응하는 비율만큼의 지분을 이전 받는 것을 선택할 수 있다. 지분을 이전 받기로 선택하는 경우에는 다른 당사자가 지분 이전의 의사표시를 한 날로부터 본 조 제1항의 표에 기재된 지분비율이 변경된 것으로 보며, 위반 당사자는 이전된 지분만큼의 초기 출자금에 대한 권리를 행사할 수 없다.

제4조 (공유물에 대한 소유권)

① 당사자들은 제3자로부터 공유물을 매수한 후 또는 공유물 신축을 완료한 후, 소유권자인 당사자의 명의로 공유물 전부에 관한 소유권 보존등기 또는 이전등기를 한다.

② 본 조 제1항에 따른 소유권 이전등기를 완료한 후, 당사자들은 전세권자인 당사자의 전유부분에 대해 전세권설정계약(이하 "전세권설정계약"이라 한다)을 체결하고, "을"의 전유부분에 대해서는 "을" 명의로 전세권설정등기를 하고, "병"의 전유부분에 대해서는 "병" 명의로 전세권설정등기를 한다. "을"과 "병"의 전세권설정등기는 동 순위로 설정한다.

③ 당사자들은 아래의 조건으로 전세권설정계약을 체결한다.

가. 전세금액은 초기 출자금에서 본 계약 제3조에 따른 전세권자인 당사자의 지분비율에 상응하는 금액으로 한다. 단, 공유물 매매대금이 전세권 존속기간 만료 전 1월 기준의 공정한 시장가격 또는 공인중개사가 제시한 가격 중 낮은 금액과 같지 아니한 경우 또는 경제사정의 변동으로 인하여 당사자들의 지분비율을 정확히 반영하지 못하는 경우에는, 갱신되는 전세권설정계약에서의 전세권자인 당사자의 전세금은 (i) 공정한 시장가격 또는 공인중개사가 제시한 가격 중 낮은 금액 또는 (ii) 당사자들이 별도 협의한 금액에 대한 전세권자인 당사자의 지분비율에 상응하는 금액으로 한다.

나. 전세권의 존속기간은 [5년]으로 하고, 본 건 계약이 해지되지 않는 한 5년마다 같은 조건으로 자동 갱신되는 것으로 한다(단, 전세금액에 대해서는 본 항 가호의 규정에 따른다).

[Note: 민법에 따르면 전세권의 존속기간은 10년을 넘지 못하며, 당사자

의 약정기간이 10년을 넘는 때에는 이를 10년으로 단축한다고 규정하고 있음. 따라서, 전세권의 존속기간을 최장 10년까지 규정할 수 있으나, 소유권자인 당사자가 공유물의 시세 변동에 대한 Risk 또는 Benefit를 모두 지는 것을 방지하기 위해, 5년으로 하되, 갱신되는 시점의 실거래가를 기준으로 전세금을 조정하도록 규정하였음. 상기 규정된 5년은 당사자간의 협의로 조정할 수 있음.]

다. 각 당사자들의 전유부분의 현상유지 또는 통상의 관리에 속한 수선을 위해 필요한 비용은 관리비용에 해당하며, 본 계약서 제3조 제4항에 따라 상호 분담한다.

라. 전세권자인 당사자가 본 계약서에서 정한 의사결정절차에 따르지 아니하고 자신의 전유부분을 개량하기 위해 지출한 금액 기타 유익비에 관하여는 그 가액의 증가가 현존하더라도, 소유권자인 당사자에게 그 지출액이나 증가액의 상환을 청구할 수 없다.

[Note: 민법에 따르면, 전세권자는 전세목적물을 개량하기 위하여 지출한 금액 기타 유익비에 관하여는 그 가액의 증가가 현존한 경우에 한하여 소유자의 선택에 좇아 그 지출액이나 증가액의 상환을 청구할 수 있다고 규정하고 있음. 그러나 공유물의 경우에는 관리에 대한 사항은 본 계약서에서 정한 절차에 따라 정하고, 관리비용으로 분담하도록 규정하고 있으므로, 전세권자인 당사자가 개인적인 선택으로 개량한 경우에는 소유권자인 당사자에게 청구하지 못하도록 규정할 필요가 있음.]

마. 본 계약에서 달리 규정한 경우 또는 다른 당사자들의 사전 동의를 받은 경우를 제외하고, 전세권자인 당사자는 다른 당사자들의 승낙 없이 자신의 전세권을 타인에게 양도, 담보제공, 전전세 또는 임대하지 못한다.

바. 당사자들이 체결할 전세권설정계약의 조건이 본 계약서의 내용과 합치하지 아니한 경우, 본 계약서가 우선 적용된다. 당사자들은 전세권설정계약에서 특약사항으로 당사자들이 본 계약을 체결한 사실과 본 계약이 전세권설정계약에 우선함을 규정한다.

제5조 (지분의 처분)

① 당사자 일방이 자신의 지분을 양도하고자 하는 경우, 해당 당사자(이하 "매도당사자"라 함)는 다른 당사자에게 먼저 제3자가 청약한 매도가격 및 매도조건을 명시한 서면을 제출하여 자신의 지분에 대한 우선매수를 청약하여야 한다. 우선매수의 청약을 받은 당사자(이하 "우선매수당사자"라 한다)는 매도당사자를 제외한 나머지 당사자들의 총 지분 중 자신의 지분에 상응하는 비율만큼 자신이 직접 매도당사자의 공유지분을 매수하거나 또는 우선매수당사자가 지명하는 제3자로 하여금 매수하게 할 수 있다. 다수의 우선매수당사자 중 매도당사자의 지분을 매수하지 않을 의사표시를 하는 당사자가 있는 경우, 나머지 우선매수당사자는 해당 우선매수당사자가 매수할 수 있는 지분을 지

분비율에 비례하여 매수할 수 있다.

② 만약 우선매수당사자가 상기 통지일로부터 60일의 기간(이하 "승낙기간"이라 한다) 내에 우선매수의 청약을 승낙하지 않으면, 매도당사자는 승낙기간 종료일로부터 [5]개월(이하 "자유매각기간") 이내에 자신의 지분 전부를 제3자에게 매각할 수 있다. 다만, 매도당사자가 자신의 지분을 제3자에게 매각하는 조건은 가격 기타 조건 등에 있어 우선매수당사자에게 청약했던 계약조건보다 제3자에게 더 유리한 조건이 되어서는 안 된다.

③ 만약 청약된 지분이 계약서에서 정해진 조건으로 자유매각기간 내에 전부 제3자에게 매각, 양도 또는 기타 처분되지 않은 경우에는, 잔여 지분은 마치 매매청약이 없었던 것과 마찬가지로, 다시 본 조의 규정에 따라야 한다.

④ 우선매수당사자가 승낙기간 내에 우선매수의 청약을 승낙하지 않아 매도당사자가 자신의 지분을 제3자에게 매각하는 경우 매도당사자는 그 제3자로 하여금 지분 취득의 선행조건으로 계약서의 모든 조항에 구속될 것에 동의한다는 내용의 약정서를 다른 당사자에게 제출하게 하여야 한다.

⑤ 승낙기간 만료 후 [5]개월 이내에 본 조에 따라 자신의 지분

을 매각하고나 하는 당사자는 계약체결에 앞서 매수희망자의 인적 사항을 다른 당사자에게 서면으로 통지하여야 한다. 다른 당사자는 매수희망자가 아래 각 호에 해당하는 경우, 해당 매수희망자에 대한 지분의 매매, 양도 또는 처분에 반대할 권리를 유보하며, 이러한 경우 매도를 희망하는 당사자는 매수희망자에게 지분을 매매, 양도 또는 처분하지 못한다.

가. 매수희망자가 자기의 신용으로 당사자들이 그 당시 부담하고 있는 부채 또는 관리비용 중 매도를 희망하는 당사자의 부담 비율을 담보할 수 있는 충분한 자력을 가지지 못한 때; 또는

나. 매수희망자가 계약서 조건에 구속되는 것에 명백히 반대의사를 표시하는 경우

⑥ 본 조에서 명시된 의무의 위반으로부터 발생하는 손실은 정확하게 산정하기 어려운 것이므로, 본 조의 규정을 위반하여 지분을 매각 또는 양도하였음이 발견된 당사자는 본 조를 위반하지 않은 당사자에게, 본 조에 위반하여 양도된 지분의 양도대금의 [5%]에 해당하는 금액을 손해배상금으로 지급하는 것에 동의한다. 본 조항이 적용되더라도 본 조를 위반하지 않은 당사자는 그 밖의 구제수단에 의하여 자신의 권리를 행사하거나 보호책을 강구할 수 있다.

[Note: 제5조 제6항은 손해배상예정에 대한 규정으로, 다른 당사자는 손해배상금으로 사전에 합의한 금액에 대해 계약상 의무 위반 사실만 입증

하면 손해 발생의 증명 없이 이를 청구할 수 있음. 다만, 실제 손해가 예정한 손해배상액을 초과하더라도 이를 청구할 수 없으며, 손해배상의 예정액이 공정성을 잃을 정도로 과다한 경우에만 감액을 청구할 수 있음.]

제6조 (공유물의 사용, 수익, 관리 및 처분)

① 각 당사자는 자신의 전유부분을 배타적으로 사용할 수 있으며, 공용부분은 비배타적으로 사용할 수 있다.

[Note: 민법 제263조에 따르면, 각 당사자는 자신의 지분비율대로 공유물을 비배타적으로 사용할 수 있음. 따라서, 아파트나 단독주택에서 당사자 단독으로 사용하는 방은 전유부분으로, 공동으로 사용하는 화장실이나 거실은 공용부분으로 사전에 합의하고, 아파트 또는 단독주택에 전유부분과 공용부분을 표시하여 계약서의 별첨 1로 규정하는 것이 합리적일 것으로 판단됨.]

② 공유물의 관리에 관한 사항은 당사자들의 만장일치로 결정한다. 다만, 당사자 일방에 의해 의결사항이 제안되고 난 후 30일 이내에 당사자들 전원이 합의하지 못하는 경우에는 당사자들의 지분의 3분의 2이상으로 결정하며, 결정된 사항에 찬성하지 아니한 당사자는 본 계약 제7조에서 정한 절차에 따라 매도선택권을 행사할 수 있다.

[Note: 민법 제265조에 따르면, 공유물의 관리에 관한 사항은 공유자의 지분의 과반수로써 결정하는 것으로 규정되어 있음. 해당 규정은 임의규

정이므로, 계약당사자들 상기와 같이 만장일치로 규정하거나 의결정족수를 민법 규정보다 높게 또는 낮게 규정할 수 있음.]

③ 공유물의 처분에 관한 사항은 당사자들의 만장일치로 결정한다. 다만, 당사자 일방에 의해 처분에 관한 사항의 결정이 제안되고 난 후 30일 이내에 당사자들 전원이 합의하지 못하는 경우((이하 "교착상태"라 한다)에는 본 계약 제7조(교착상태)에 따라 해결한다.

제7조 (교착상태)

① 공유물의 관리 또는 처분에 관한 사항을 제안한 당사자(이하 "제안당사자"라 한다)는 교착상태가 발생한 날로부터 15일 이내에 다른 당사자(이하 "피제안당사자"라 한다)로 하여금 제안당사자가 보유하고 있는 지분을 매입하도록 요구할 수 있는 권리(이하 "매도선택권")을 갖는다. 제안당사자는 매도선택권을 행사하고자 하는 자신의 의사를 서면으로 통지(이하 "매도통지")함으로써 매도선택권을 행사한다.

② 피제안당사자는 매도통지를 받은 날로부터 5일 이내에 (i) 교착상태와 관련된 제안당사자의 의견에 동의하거나, (ii) 매도선택권 행사에 동의하거나, 또는 (iii) 매도선택권의 행사를 거부할 수 있으며, 각 경우에 당사자들은 다음과 같은 절차에 따른다.

가. 피제안당사자가 매도선택권 행사를 수락하는 경우, 제안

당사자는 5일 이내에 (i) 교착상태와 관련된 자신의 의견을 철회하거나 또는 (ii) 매도선택권의 행사를 진행할 수 있다. 제안당사자가 매도선택권을 진행하기로 결정한 경우, 피제안당사자는 제안당사자의 지분을 매도통지를 받은 날의 공정한 시장가격으로 매수하여야 하고, 제안당사자는 즉시 자신의 지분을 매도하여야 한다. 매매와 관련된 모든 행위는 제안당사자가 매도선택권의 행사를 진행하겠다는 의사를 밝힌 날로부터 60일 이내에 완료한다. 피제안당사자는 제안당사자의 지분을 매수할 제3자를 지정할 수 있다.

나. 피제안당사자가 매도선택권을 거절하는 경우, 제안당사자는 피제안당사자가 매도선택권을 거절한 날로부터 60일 이내에 자신의 지분을 제3자에게 매도하거나 피제안당사자에게 피제안당사자의 지분 전부를 제안당사자에게 매도하도록 요구할 수 있다. 본 항에 의해 제3자에게 매도하는 경우에는 본 계약 제5조의 적용의 받지 아니한다.

제8조 (회계장부와 기록)

당사자들은 상호 합의한 방법에 따라 공유물의 보존, 관리, 사용, 수익 또는 처분과 관련된 사항을 장부에 정확히 기록하며, 모든 당사자들이 필요 시 열람할 수 있도록 정해진 장소에 비치한다.

제9조 (계약기간 및 해지)

① 본 계약은 모든 당사자가 본 계약에 서명한 날(이하 "발효일"이라 한다)로부터 시작하여 본 조에 의하여 해지되지 않는 한 계속하여 효력을 가진다.

② 다음 각 호 어느 하나에 해당하는 경우, 본 계약을 위반하지 아니한 당사자는 의사 표시로 본 계약을 해지할 수 있으며, 해지의 의사를 표시한 날로부터 본 계약은 자동 해지된다.

가. 발효일로부터 6개월 이내에 당사자 일방이 초기 출자금을 입금하지 아니한 경우;

나. 공유물 매도인이 계약금의 배액을 상환하고 공유물 매매계약을 해지하는 경우 또는 공유물 매매계약에 위반하여 공유물을 제3자에게 매매한 경우;

다. 당사자 일방이 계약서상 어느 의무에 중대한 위반을 하고 그 의무 위반이 그 치유를 요구하는 서면 통지를 한 날로부터 30일 이내에 치유되지 않았을 경우. 관리비용을 [1년] 이상 납부하지 아니하거나, 다른 당사자들의 동의를 받지 아니하고 [1]개월 이상 제3자가 공유물을 사용 또는 수익하도록 한 경우, 다른 당사자들의 동의 없이 공유물 전체를 처분하는 계약을 제3자와 체결한 경우 등은 계약서상의 의무에 중대한 위반이 있는 것으로 본다.

[Note: 상기 열거된 사항 이외에 당사자들의 구체적인 합의에 따라 계약

서의 중대한 위반에 해당하는 경우를 포함하는 것이 사전에 분쟁을 예방하기 위해서 필요함.]

라. 당사자 일방이 본 계약 제13조에 정의된 불가항력으로 인하여 본 계약상의 의무를 연속된 90일간 이행하지 못하거나 이행하지 못하게 될 경우; 또는

마. 당사자 일방(이하 "곤경당사자"라 한다) 또는 그 채권자 기타 자격이 있는 자가 당사자의 회생 또는 파산을 신청한 경우로서 관할 법원이 그러한 신청을 각하하지 않거나 또는 신청 당사자가 그러한 신청을 신청일로부터 7일 이내에 각하하지 않은 경우, 또는 곤경당사자가 초기 출자금을 초과하는 만기 채무를 변제하지 못하거나 변제를 명시적 또는 묵시적으로 정지한 경우로서 그 채권자 기타 자격이 있는 자가 곤경당사자의 주요 자산에 설정된 담보권(모든 당사자들의 사전 동의를 받아 소유권자인 당사자가 공유물에 설정한 담보권이나 전세권자인 당사자가 자신의 전세권에 설정한 담보권을 포함한다)을 실행하거나 압류한 경우.

③ 당사자 일방이 최소 3개월 이전에 합의 해지를 요청한 경우로서, 당사자들이 본 계약을 해지하기로 상호 합의한 경우에는, 합의한 날에 본 계약이 해지된다.

제10조 (해지의 효과)

① 해지일 현재 이미 발생한 당사자들의 권리 및 의무는 당사자들이 상호 협의하여 서면으로 포기하지 않는 한 본 계약의 해지로 인하여 영향을 받지 않는다.

② 본 계약 제9조 제2항 다, 라 또는 마호로 당사자 일방이 계약을 해지하는 경우(이하 "해지당사자"라 한다), 해지통지를 할 당시 해지당사자가 본 계약을 위반하고 있지 않은 경우, 해지당사자는 본 계약의 해지 원인을 제공한 당사자의 지분을 해지일의 공정한 시장가격으로 매도할 수 있는 권리를 가지며, 본 계약의 해지 원인을 제공한 당사자는 해지당사자의 권리행사를 거부하지 못한다.

③ 본 계약 제9조에 따라 본 계약이 해지되는 경우, 본 계약에 따라 당사자들간 체결한 전세권설정계약도 같은 일자에 해지된 것으로 본다.

④ 해지당사자가 본 조 제2항에 따른 권리를 행사하지 않는 한, 전세권자인 당사자는 소유권자인 당사자에게 전유부분을 반환하고 전세권설정등기의 말소등기에 필요한 모든 서류를 교부하고, 동시에 소유권자인 당사자는 [전세권설정계약에 규정된 또는 (전세권설정계약이 갱신된 경우) 본 계약서 제4조 제3항 가호에 따라 계산된 전세금에서] or [본 계약 해지시점의 공정한 시

장가격 또는 공인중개사가 제시한 금액 중 낮은 금액에서 전세권자인 당사자의 지분비율에 상응하는 금액에서] 전세권자인 당사자가 본 계약상의 규정에 위반하여 분담하지 아니한 관리비용을 차감한 나머지 금액을 반환한다. 만약 소유권자인 당사자가 본 계약상의 규정에 위반하여 분담하지 아니한 관리비용이 있는 경우, 해당 금액은 소유권자인 당사자가 반환하여야 하는 전세금에 추가하여 함께 반환한다. 전세권설정등기의 말소등기를 위해 필요한 모든 비용은 당사자들이 지분비율에 따라 분담한다.

[Note: 소유권자인 당사자가 해지 시점에 공유물 시가 변동에 대한 Risk 또는 Benefit를 부담할 것인지 아닌지에 따른 당사자들의 합의에 따라 반환하여야 할 전세금을 상기 푸른색에서 표시된 바 내용 중 하나로 정할 수 있을 것입니다.]

제11조 (당사자의 사망)

당사자 일방이 사망한 경우로서 사망당사자에게 상속인이 없는 경우, 사망당사자의 지분은 나머지 당사자들의 지분비율대로 이전된다. 나머지 당사자들은 상호 협의하여 본 계약을 해지하거나, 사망당사자의 본 계약상의 권리 또는 의무를 제3자에게 이전할 수 있다.

제12조 (불포기 및 기타 구제)

당사자 일방이 본 계약상 어느 조항의 엄격한 적시의 이행을 주장하지 아니한 것은 그 이행을 청구할 수 있는 권리의 포기나 금반언을 구성하는 것은 아니며, 어느 한 경우의 포기나 금반언은 사후의 유사하거나 상이한 성격의 계약위반에 관한 포기나 금반언을 구성하지 아니한다.

제13조 (무효조항)

본 계약상 어느 조항 또는 조건이 불능 또는 불법 등의 사유로 무효인 경우, 본 계약은 그러한 조항 또는 조건이 처음부터 계약서 내에 포함되지 않았던 것으로 해석되고 간주된다.

제14조 (불가항력)

① 당사자 일방이 본 계약상의 어떤 의무를 오로지 불가항력만으로 인하여 불이행 또는 지체한 경우, 이를 본 계약의 위반으로 간주하지 아니한다. 다만, 위의 당사자는 그 불가항력을 야기시키지 않았어야 하고, 그러한 불가항력을 회피하거나 그 효과를 개선하기 위하여 합리적인 노력을 하였어야 하며, 계속하여 계약서의 조건을 가능한 한 충분히 이행하도록 그 능력범위 내의 모든 조치를 취하여야 한다.

② 사유의 성질상 불가능한 경우를 제외하고는 불가항력에 빠

진 당사자는 그 불가항력이 발생한 후 14일 이내에 서면으로 다른 당사자에게 통지하여야 하며, 모든 경우에 있어서 그 상황하에서 합리적이고 적법한 범위 내에서 가능한 한 신속히 그 원인을 제거 또는 치유하도록 최선의 노력을 다하여야 한다.

제15조 (대리관계 부인)

본 계약은 당사자들 사이에 어떠한 대리관계도 창설하지 아니한다. 각 당사자는 다른 당사자를 대신하여 또는 다른 당사자의 명의로, 채무를 부담하는 행위 기타 어떤 계약도 체결하거나 인수 또는 창설할 권한이 없다.

제16조 (분쟁해결)

① 본 계약으로부터 또는 본 계약과 관련하여 또는 본 계약의 불이행에 관하여 의견충돌이나 청구가 발생한 경우, 당사자들은 문제를 협의를 통해 원만하게 해결하기로 한다. 그와 같은 분쟁, 청구 또는 불이행 등을 30일 이내에 협의로 해결하지 못하는 경우에만 침해 당사자는 소송에 의해 분쟁을 해결할 수 있다.

② 본 계약의 효력, 해석 또는 실효성과 기타 본 계약으로부터 또는 본 계약과 관련하여 야기되는 또는 본 계약의 불이행과 관련하여 발생하는 모든 분쟁은 서울중앙지방법원을 관할법원으로 하여 전속적으로 해결된다.

[Note: 당사자들은 분쟁을 소송으로 해결하지 아니하고 중재를 통해 해결하는 것을 합의할 수 있음. 중재는 법원 판사가 아닌 전문가인 중재인이 판정하는 절차로, 소송과 달리 단심제이며 중재판정은 대법원 확정판결과 동일한 효력이 있어 시간과 비용이 절약될 수 있다는 점, 변호사대리의 원칙이 적용되지 않아 변호사 선임비용이 절감될 수 있다는 점, 중재인이 현실성 있는 판정을 내린다는 점, 중재판정이 내려지기까지 약 5개월 정도 소요된다는 점 등에서 소송보다 유리함. 중재합의가 있음에도 불구하고 당사자 일방이 소송을 제기하는 경우에는, 다른 당사자가 중재합의가 있음을 항변하면 법원은 각하 판결을 내리게 됨. 소송이 아닌 중재로 분쟁을 해결하고자 하는 경우에는 아래의 중재합의문구를 활용하면 될 것임.

"이 계약서로부터 발생하는 모든 분쟁(계약서의 효력, 해석 또는 실효성에 대한 분쟁도 포함)은 대한상사중재원에서 국내중재규칙에 따라 중재로 해결하며, 중재판정부는 동 규칙에서 정한 절차에 따라 선임된 중재인 1인으로 구성된다."]

제17조 (양도성)

본 계약, 개개의 계약조항, 제 조건은 당사자들과 그 각 승계인의 이익을 위하여 구속력을 가지고 효력이 생긴다. 그러나 본 계약 또는 본 계약상의 어떠한 권리도 당사자 전원의 사전 서면 동의를 얻지 아니하고 당사자 일방에 의하여 제3자에게 직접적으로 또는 간접적으로 양도될 수 없다.

제18조 (통지)

① 본 계약상 또는 본 계약과 관련된 모든 통지, 요청, 요구, 결정 및 기타 의사표시는 서면으로 행하고, 아래에 기재된 연락처로의 (i) 인편전달, (ii) 배달 시 수령당사자의 서명을 요구하는 유수한 특송서비스, (iii) 요금을 선납하고 수령여부확인이 요구되는 1급 등기 우편 또는 내용증명우편에 의한 우송, (iv) 수령당사자의 수령 확인을 영수한 팩스 전송 또는 (v) 전자우편에 의해 적법하게 전달된 것으로 간주된다. 그러한 통지, 요청, 요구, 결정 및 기타 의사표시는 그와 같이 배달되거나 전자적인 방법으로 전송된 날 또는 우송한 경우 우송 후 7일 후에 행하여진 것으로 간주된다.

"갑"이 수신인인 경우: [주소]
[이메일주소]
[팩스번호]
[참조]
"을"이 수신인인 경우: [주소]
[이메일주소]
[팩스번호]
[참조]
"병"이 수신인인 경우: [주소]
[이메일주소]

[팩스번호]

[참조]

② 당사자 일방이 다른 당사자에 대한 통지로써 다른 주소를 특정한 경우, 그 주소로 통지할 수 있다.

제19조 (완전합의)

본 계약은 본 계약의 주제에 관해 당사자들간의 이전에 구두 또는 서면으로 한 모든 진술, 약정 기타 합의에 우선하며, 본 계약에서 예기되어 있는 각종 합의서 및 기타 서류와 더불어, 당사자들간의 관계의 내용에 대해 완전합의를 구성한다.

본 계약의 체결을 증명하기 위해 계약서 원본 [3]부를 작성하여, 당사자들이 이에 서명날인하고 각각 1부씩 보관한다.

년 월 일

"갑"

____

[서명]

"을"

____

[서명]

“병”

[서명]

부록4

공동체주택 설립 및 운영에 관한 계약서(지분공유형)*

본 '공동체주택 설립 및 운영에 관한 계약서'(이하 "계약서"라 한다)는 아래의 당사자들 사이에서 [*]년 [*]월 [*]일 체결되었다.

"갑" [이름]
[주민등록상의 주소지]
[주민등록번호]

"을" [이름]
[주민등록상의 주소지]
[주민등록번호]

* 본 자료는 SK와 세스넷이 공동 수행하는 2016 프로보노 사업에 참여하신 SK 프로보노 전소정 변호사님의 재능기부로 제작되었습니다.

"병" [이름]

[주민등록상의 주소지]

[주민등록번호]

제1조 (정의)

① 본 조에서 정의된 용어들은 문맥상 명백히 다른 의미를 가지는 경우를 제외하고는 본 계약 어디에서든지 본 조에서 정의된 의미를 가진다.

② "관리비용"이라 함은 공유물을 매수하여 각 당사자들의 공유물 지분에 대한 소유권을 공시하기 위해 관련된 등기를 모두 완료한 이후, 공유물을 소유, 보존, 관리, 사용 또는 수익을 위해 소요되는 비용을 의미한다.

③ "공유물"이라 함은 아래 주소의 부동산을 의미한다.

건물소재지		
면적	대지:	건물:
건물구조 및 용도		

④ "공용부분"이라 함은 별첨 1에 표기된 바와 같이 공유물에서 전유부분 이외의 나머지 공간을 의미한다.

⑤ “공정한 시장가격”이라 함은 국토교통부 실거래가 조회시스템에서 제시하는 공유물에 대한 매매가격을 의미한다.

⑥ “당사자들”이라 함은 “갑”, “을” 및 “병”을, “당사자”라 함은 “갑”, “을” 또는 “병”을 각 지칭한다.

⑦ “불가항력”이라 함은 천재지변, 정부조치, 폭동, 전쟁, 수출금지, 파업, 공장폐쇄, 운송사고, 항구혼잡 기타 합리적으로 예측하거나 통제할 수 있는 범위에 속하지 않은 사유로 동 사유로 계약서상의 의무 이행이 지체되거나 불가능해지는 경우를 의미한다.

⑧ “전유부분”이라 함은 별첨 1에 표기된 바와 같이 각 당사자가 독립된 주거생활을 영위할 수 있도록 구획된 부분을 의미한다.

⑨ “초기 출자금”이라 함은 당사자들이 공유물을 소유하기 위해 필요한 총액 一金 [*]원을 의미하며, 동 금액은 공유물 매매대금 一金 [*]원, 소유권보존/이전등기 또는 등록과 관련된 제반 비용 (공유물 취/등록세, 법무사 보수 등 포함) 一金 [*]원, 중개수수료 一金 [*]원, 공유물 청소 등 이사와 관련된 제반 비용 一金 [*]원으로 구성된다.

제2조 (목적)

본 계약서의 목적은 당사자들이 공유물을 매매, 소유, 보존, 관리, 사용, 수익, 개량 또는 처분하는 것과 관련하여 상호 합의한 내용을 서면화하고, 공유물과 관련된 각 당사자의 권리 및 의무와 상호 협의가 필요한 사항 발생시 이에 대한 결정 절차와 방법을 규정함에 있다.

제3조 (출자)

당사자들은 아래와 같이 분담할 초기 출자금에 비례하여 공유물에 대한 지분을 가지며, 지분비율대로 공유물을 소유한다.

	지분비율	분담할 초기 출자금
"갑"		
"을"		
"병"		

② 당사자들은 계약서 체결 일로부터 [*]일 이내에 상호 합의한 은행에 공동명의 계좌를 개설하고, 공동명의 계좌 개설일로부터 [*]일 이내에 자신의 지분비율에 상응하는 초기 출자금을 입금하여야 한다.

③ 당사자들은 초기 출자금 이외에 공유물을 보존, 관리, 사용,

수익, 개량 또는 처분함에 따라 발생하는 비용을 자신의 지분비율대로 분담하며, 공유물과 관련하여 발생한 수익에 대해 자신의 지분비율대로 권리를 가진다.

④ 당사자들은 관리비용으로 [*]에 해당하는 금액을 매월 25일 전까지 자신의 지분비율대로 공동명의 계좌에 입금하여야 한다. 공유물을 매수하기 위해 금융기관으로부터 대출을 받은 경우, 금융기관에게 상환하여야 하는 원금과 이자도 관리비용에 포함된다.

⑤ 관리비용이 본 조 제4항의 기재된 금액을 초과하는 경우, 각 당사자는 초과 금액을 자신의 지분비율에 따라 부담하며, 부담 시기와 방법은 상호 협의하여 결정한다.

⑥ 초기 출자금과 관리비용 이외에 공유물과 관련하여 지출하게 되는 비용은 해당 비용을 발생하거나 지출할 개별 당사자가 단독으로 부담한다.

⑦ 계약서 제8조에도 불구하고, 당사자 일방 (이하 "위반 당사자"라 한다)이 본 조에서 정한 기한 내에 자신의 지분비율에 상응하는 초기 출자금 또는 관리비용의 입금을 지연하여 공유물을 매수하지 못하거나 제3자가 공유물에 설정한 담보권을 실행할 위

험이 있는 등 당사자들에게 금전적 손해가 발생할 합리적인 개연성이 있는 경우, 다른 당사자들은 위반 당사자가 지급하고 있지 않은 금액을 자신의 지분비율대로 분담한 후, 입금 지연 시부터 실제 입금이 이루어질 때까지의 기간 동안의 이자를 청구하거나 위반 당사자의 지분 중 초기 출자금 대비 이자에 상응하는 비율만큼의 지분을 이전 받는 것을 선택할 수 있다. 지분을 이전 받기로 선택하는 경우에는 다른 당사자가 지분 이전의 의사표시를 한날로부터 본 조 제1항의 표에 기재된 지분비율이 변경된 것으로 보며, 위반 당사자는 이전된 지분만큼의 초기 출자금에 대한 권리를 행사할 수 없다.

[Note: 민법 제266조 제2항에 따르면 공유자가 1년 이상 공유물의 관리비용 기타 의무이행을 지체한 때에는 다른 공유자는 상당한 가액으로 지분을 매수할 수 있음. 동 규정과 다른 합의를 하기 원하는 경우에는 사전에 계약서에 달리 합의한 내용을 규정할 필요가 있음.]

제4조 (지분의 처분)

① 당사자 일방이 자신의 지분을 양도하고자 하는 경우, 해당 당사자(이하 "매도당사자"라 함)는 다른 당사자에게 먼저 제3자가 청약한 매도가격 및 매도조건을 명시한 서면을 제출하여 자신의 지분에 대한 우선매수를 청약하여야 한다. 우선매수의 청약을 받은 당사자(이하 "우선매수당사자"라 한다)는 매도당사자를 제외한 나머지 당사자들의 총 지분 중 자신의 지분에 상응하

는 비율만큼 자신이 직접 매도당사자의 공유지분을 매수하거나 또는 우선매수당사자가 지명하는 제3자로 하여금 매수하게 할 수 있다. 다수의 우선매수당사자 중 매도당사자의 지분을 매수하지 않을 의사표시를 하는 당사자가 있는 경우, 나머지 우선매수당사자는 해당 우선매수당사자가 매수할 수 있는 지분을 지분비율에 비례하여 매수할 수 있다.

② 만약 우선매수당사자가 상기 통지일로부터 60일의 기간(이하 "승낙기간"이라 한다) 내에 우선매수의 청약을 승낙하지 않으면, 매도당사자는 승낙기간 종료일로부터 [5]개월(이하 "자유매각기간") 이내에 자신의 지분 전부를 제3자에게 매각할 수 있다. 다만, 매도당사자가 자신의 지분을 제3자에게 매각하는 조건은 가격 기타 조건 등에 있어 우선매수당사자에게 청약했던 계약조건보다 제3자에게 더 유리한 조건이 되어서는 안 된다.

③ 만약 청약된 지분이 계약서에서 정해진 조건으로 자유매각기간 내에 전부 제3자에게 매각, 양도 또는 기타 처분되지 않은 경우에는, 잔여 지분은 마치 매매청약이 없었던 것과 마찬가지로, 다시 본 조의 규정에 따라야 한다.

④ 우선매수당사자가 승낙기간 내에 우선매수의 청약을 승낙하지 않아 매도당사자가 자신의 지분을 제3자에게 매각하는 경우

매도당사자는 그 제3자로 하여금 지분 취득의 선행조건으로 계약서의 모든 조항에 구속될 것에 동의한다는 내용의 약정서를 다른 당사자에게 제출하게 하여야 한다.

⑤ 승낙기간 만료 후 [5]개월 이내에 본 조에 따라 자신의 지분을 매각하고나 하는 당사자는 계약체결에 앞서 매수희망자의 인적 사항을 다른 당사자에게 서면으로 통지하여야 한다. 다른 당사자는 매수희망자가 아래 각 호에 해당하는 경우, 해당 매수희망자에 대한 지분의 매매, 양도 또는 처분에 반대할 권리를 유보하며, 이러한 경우 매도를 희망하는 당사자는 매수희망자에게 지분을 매매, 양도 또는 처분하지 못한다.

⑥ 매수희망자가 자기의 신용으로 당사자들이 그 당시 부담하고 있는 부채 또는 관리비용 중 매도를 희망하는 당사자의 부담 비율을 담보할 수 있는 충분한 자력을 가지지 못한 때, 또는 매수희망자가 계약서 조건에 구속되는 것에 명백히 반대 의사를 표시하는 경우 본 조의 다른 조항에도 불구하고, 각 당사자는 다른 당사자의 동의 없이 자신의 지분에 담보권을 설정할 수 있다. 다만, 지상권이나 (채권적 또는 물권적) 전세권을 설정하여, 지상권자나 전세권자가 공유물 전부를 사용하게 되고, 다른 공유자의 사용을 전적으로 배제하게 되는 경우에는, 다른 당사자 전원의 사전 서면 동의가 필요하다.

⑦ 본 조에서 명시된 의무의 위반으로부터 발생하는 손실은 정확하게 산정하기 어려운 것이므로, 본 조의 규정을 위반하여 지분을 매각 또는 양도하였음이 발견된 당사자는 본 조를 위반하지 않은 당사자에게, 본 조에 위반하여 양도된 지분의 양도대금의 [5%]에 해당하는 금액을 손해배상금으로 지급하는 것에 동의한다. 본 조항이 적용되더라도 본 조를 위반하지 않은 당사자는 그 밖의 구제수단에 의하여 자신의 권리를 행사하거나 보호책을 강구할 수 있다.

[Note: 제4조 제7항은 손해배상예정에 대한 규정으로, 다른 당사자는 손해배상금으로 사전에 합의한 금액에 대해 계약상 의무 위반 사실만 입증하면 손해 발생의 증명 없이 이를 청구할 수 있음. 다만, 실제 손해가 예정한 손해배상액을 초과하더라도 이를 청구할 수 없으며, 손해배상의 예정액이 공정성을 잃을 정도로 과다한 경우에만 감액을 청구할 수 있음.]

제5조 (공유물의 사용, 수익, 관리 및 처분)

① 각 당사자는 자신의 전유부분을 배타적으로 사용할 수 있으며, 공용부분은 비배타적으로 사용할 수 있다.

[Note: 민법 제263조에 따르면, 각 당사자는 자신의 지분비율대로 공유물을 비배타적으로 사용할 수 있음. 따라서, 아파트나 단독주택에서 당사자 단독으로 사용하는 방은 전유부분으로, 공동으로 사용하는 화장실이나 거실은 공용부분으로 사전에 합의하고, 아파트 또는 단독주택에 전유부분과 공용부분을 표시하여 계약서의 별첨 1로 규정하는 것이 합리적일

것으로 판단됨.]

② 공유물의 관리에 관한 사항은 당사자들의 만장일치로 결정한다. 다만, 당사자 일방에 의해 의결사항이 제안되고 난 후 30일 이내에 당사자들 전원이 합의하지 못하는 경우에는 당사자들의 지분의 3분의 2이상으로 결정하며, 결정된 사항에 찬성하지 아니한 당사자는 계약서 제6조에서 정한 절차에 따라 매도선택권을 행사할 수 있다.

[Note: 민법 제265조에 따르면, 공유물의 관리에 관한 사항은 공유자의 지분의 과반수로써 결정하는 것으로 규정되어 있음. 해당 규정은 임의규정이므로, 계약당사자들 상기와 같이 만장일치로 규정하거나 의결정족수를 민법 규정보다 높게 또는 낮게 규정할 수 있음.]

공유물의 처분에 관한 사항은 당사자들의 만장일치로 결정한다. 다만, 당사자 일방에 의해 처분에 관한 사항의 결정이 제안되고 난 후 30일 이내에 당사자들 전원이 합의하지 못하는 경우(이하 "교착상태"라 한다)에는 계약서 제6조(교착상태)에 따라 해결한다.

제6조 (교착상태)

① 공유물의 관리 또는 처분에 관한 사항을 제안한 당사자(이하 "제안당사자"라 한다)는 교착상태가 발생한 날로부터 15일 이내

에 다른 당사자(이하 "피제안당사자"라 한다)로 하여금 제안당사자가 보유하고 있는 지분을 매입하도록 요구할 수 있는 권리(이하 "매도선택권")를 갖는다. 제안당사자는 매도선택권을 행사하고자 하는 자신의 의사를 서면으로 통지(이하 "매도통지")함으로써 매도선택권을 행사한다.

② 피제안당사자는 매도통지를 받은 날로부터 5일 이내에 (i) 교착상태와 관련된 제안당사자의 의견에 동의하거나, (ii) 매도선택권 행사에 동의하거나, 또는 (iii) 매도선택권의 행사를 거부할 수 있으며, 각 경우에 당사자들은 다음과 같은 절차에 따른다.

가. 피제안당사자가 매도선택권 행사를 수락하는 경우, 제안당사자는 5일 이내에 (i) 교착상태와 관련된 자신의 의견을 철회하거나 또는 (ii) 매도선택권의 행사를 진행할 수 있다. 제안당사자가 매도선택권을 진행하기로 결정한 경우, 피제안당사자는 제안당사자의 지분을 매도통지를 받은 날의 공정한 시장가격으로 매수하여야 하고, 제안당사자는 즉시 자신의 지분을 매도하여야 한다. 매매와 관련된 모든 행위는 제안당사자가 매도선택권의 행사를 진행하겠다는 의사를 밝힌 날로부터 60일 이내에 완료한다. 피제안당사자는 제안당사자의 지분을 매수할 제3자를 지정할 수 있다.

나. 피제안당사자가 매도선택권을 거절하는 경우, 제안당사자는 피제안당사자가 매도선택권을 거절한 날로부터 60일 이

내에 자신의 지분을 제3자에게 매도하거나 피제안당사자에게 피제안당사자의 지분 전부를 제안당사자에게 매도하도록 요구할 수 있다. 본 항에 의해 제3자에게 매도하는 경우에는 제4조의 적용을 받지 아니한다.

제7조 (회계장부와 기록)

당사자들은 상호 합의한 방법에 따라 공유물의 보존, 관리, 사용, 수익 또는 처분과 관련된 사항을 장부에 정확히 기록하며, 모든 당사자들이 필요 시 열람할 수 있도록 정해진 장소에 비치한다.

제8조 (계약기간 및 해지)

① 계약서는 모든 당사자가 계약서에 서명한 날(이하 "발효일"이라 한다)로부터 시작하여 본 조에 의하여 해지되지 않는 한 계속하여 효력을 가진다.

② 다음 각 호 어느 하나에 해당하는 경우, 계약서를 위반하지 아니한 당사자는 의사 표시로 계약서를 해지할 수 있으며, 해지의 의사를 표시한 날로부터 계약서는 자동 해지된다.

가. 발효일로부터 6개월 이내에 당사자 일방이 초기 출자금을 입금하지 아니한 경우;

나. 공유물 매도인이 계약금의 배액을 상환하고 공유물 매매

계약을 해지하는 경우 또는 공유물 매매계약에 위반하여 공유물을 제3자에게 매매한 경우;

다. 당사자 일방이 계약서상 어느 의무에 중대한 위반을 하고 그 의무 위반이 그 치유를 요구하는 서면 통지를 한 날로부터 30일 이내에 치유되지 않았을 경우. 관리비용을 [1년] 이상 납부하지 아니하거나, 다른 당사자들의 동의를 받지 아니하고 [1]개월 이상 제3자가 공유물을 사용 또는 수익하도록 한 경우, 다른 당사자들의 동의 없이 공유물 전체를 처분하는 계약을 제3자와 체결한 경우 등은 계약서상의 의무에 중대한 위반이 있는 것으로 본다.

[Note: 상기 열거된 사항 이외에 당사자들의 구체적인 합의에 따라 계약서의 중대한 위반에 해당하는 경우를 포함하는 것이 사전에 분쟁을 예방하기 위해서 필요함.]

라. 당사자 일방이 계약서 제13조에 정의된 불가항력으로 인하여 계약서상의 의무를 연속된 90일간 이행하지 못하거나 이행하지 못하게 될 경우; 또는

마. 당사자 일방(이하 "곤경당사자"라 한다) 또는 그 채권자 기타 자격이 있는 자가 당사자의 회생 또는 파산을 신청한 경우로서 관할 법원이 그러한 신청을 각하하지 않거나 또는 신청 당사자가 그러한 신청을 신청일로부터 7일 이내에 각하하지 않은 경우, 또는 곤경당사자가 초기 출자금을 초과하는 만기 채무를 변

제하지 못하거나 변제를 명시적 또는 묵시적으로 정지한 경우로서 그 채권자 기타 자격이 있는 자가 지분등기 또는 기타 곤경당사자의 주요 자산에 설정된 담보권을 실행하거나 압류한 경우.
③ 당사자 일방이 최소 3개월 이전에 합의 해지를 요청한 경우로서, 당사자들이 계약서를 해지하기로 상호 합의한 경우에는, 합의한 날에 계약서가 해지된다.

제9조 (해지의 효과)

① 해지일 현재 이미 발생한 당사자들의 권리 및 의무는 당사자들이 상호 협의하여 서면으로 포기하지 않는 한 계약서의 해지로 인하여 영향을 받지 않는다.

② 계약서 제8조 제2항 다, 라 또는 마호로 당사자 일방이 계약을 해지하는 경우(이하 "해지당사자"라 한다), 해지통지를 할 당시 해지당사자가 계약서를 위반하고 있지 않은 경우, 해지당사자는 계약서 해지 원인을 제공한 당사자의 지분을 해지일의 공정한 시장가격으로 매도할 수 있는 권리를 가지며, 계약서 해지 원인을 제공한 당사자는 해지당사자의 권리행사를 거부하지 못한다.

제10조 (당사자의 사망)

당사자 일방이 사망한 경우로서 사망당사자에게 상속인이 없는 경우, 사망당사자의 지분은 나머지 당사자들의 지분비율대로 이전된다. 나머지 당사자들은 상호 협의하여 본 계약서를 해지하거나, 사망당사자의 계약서상의 권리 또는 의무를 제3자에게 이전할 수 있다.

제11조 (불포기 및 기타 구제)

당사자 일방이 계약서상 어느 조항의 엄격한 적시의 이행을 주장하지 아니한 것은 그 이행을 청구할 수 있는 권리의 포기나 금반언을 구성하는 것은 아니며, 어느 한 경우의 포기나 금반언은 사후의 유사하거나 상이한 성격의 계약위반에 관한 포기나 금반언을 구성하지 아니한다.

제12조 (무효조항)

계약서상 어느 조항 또는 조건이 불능 또는 불법 등의 사유로 무효인 경우, 계약서는 그러한 조항 또는 조건이 처음부터 계약서 내에 포함되지 않았던 것으로 해석되고 간주된다.

제13조 (불가항력)

① 당사자 일방이 계약서상의 어떤 의무를 오로지 불가항력만으로 인하여 불이행 또는 지체한 경우, 이를 계약서의 위반으로 간주하지 아니한다. 다만, 위의 당사자는 그 불가항력을 야기시키지 않았어야 하고, 그러한 불가항력을 회피하거나 그 효과를

개선하기 위하여 합리적인 노력을 하였어야 하며, 계속하여 계약서의 조건을 가능한 한 충분히 이행하도록 그 능력범위 내의 모든 조치를 취하여야 한다.

② 사유의 성질상 불가능한 경우를 제외하고는 불가항력에 빠진 당사자는 그 불가항력이 발생한 후 14일 이내에 서면으로 다른 당사자에게 통지하여야 하며, 모든 경우에 있어서 그 상황하에서 합리적이고 적법한 범위 내에서 가능한 한 신속히 그 원인을 제거 또는 치유하도록 최선의 노력을 다하여야 한다.

제14조 (대리관계 부인)

계약서는 당사자들 사이에 어떠한 대리관계도 창설하지 아니한다. 각 당사자는 다른 당사자를 대신하여 또는 다른 당사자의 명의로, 채무를 부담하는 행위 기타 어떤 계약도 체결하거나 인수 또는 창설할 권한이 없다.

제15조 (분쟁해결)

① 계약서로부터 또는 계약서와 관련하여 또는 계약서의 불이행에 관하여 의견충돌이나 청구가 발생한 경우, 당사자들은 문제를 협의를 통해 원만하게 해결하기로 한다. 그와 같은 분쟁, 청구 또는 불이행 등을 30일 이내에 협의로 해결하지 못하는 경우에만 침해 당사자는 소송에 의해 분쟁을 해결할 수 있다.

② 계약서의 효력, 해석 또는 실효성과 기타 계약서로부터 또는 계약서와 관련하여 야기되는 또는 계약서의 불이행과 관련하여 발생하는 모든 분쟁은 서울중앙지방법원을 관할법원으로 하여 전속적으로 해결된다.

[Note: 당사자들은 분쟁을 소송으로 해결하지 아니하고 중재를 통해 해결하는 것을 합의할 수 있음. 중재는 법원 판사가 아닌 전문가인 중재인이 판정하는 절차로, 소송과 달리 단심제이며 중재판정은 대법원 확정판결과 동일한 효력이 있어 시간과 비용이 절약될 수 있다는 점, 변호사대리의 원칙이 적용되지 않아 변호사 선임비용이 절감될 수 있다는 점, 중재인이 현실성 있는 판정을 내린다는 점, 중재판정이 내려지기까지 약 5개월 정도 소요된다는 점 등에서 소송보다 유리함. 중재합의가 있음에도 불구하고 당사자 일방이 소송을 제기하는 경우에는, 다른 당사자가 중재합의가 있음을 항변하면 법원은 각하 판결을 내리게 됨. 소송이 아닌 중재로 분쟁을 해결하고자 하는 경우에는 아래의 중재합의문구를 활용하면 될 것임.

"이 계약서로부터 발생하는 모든 분쟁(계약서의 효력, 해석 또는 실효성에 대한 분쟁도 포함)은 대한상사중재원에서 국내중재규칙에 따라 중재로 해결하며, 중재판정부는 동 규칙에서 정한 절차에 따라 선임된 중재인 1인으로 구성된다."]

제16조 (양도성)

계약서, 개개의 계약조항, 제 조건은 당사자들과 그 각 승계인의 이익을 위하여 구속력을 가지고 효력이 생긴다. 그러나 계약서 및 계약서상의 어떠한 권리도 당사자 전원의 사전 서면 동의를 얻지 아니하고 당사자 일방에 의하여 제3자에게 직접적으로 또는 간접적으로 양도될 수 없다.

제17조 (통지)

계약서상 또는 계약서와 관련된 모든 통지, 요청, 요구, 결정 및 기타 의사표시는 서면으로 행하고, 아래에 기재된 연락처로의 (i) 인편전달, (ii) 배달 시 수령당사자의 서명을 요구하는 유수한 특송서비스, (iii) 요금을 선납하고 수령여부확인이 요구되는 1급 등기 우편 또는 내용증명우편에 의한 우송, (iv) 수령당사자의 수령 확인을 영수한 팩스 전송 또는 (v) 전자우편에 의해 적법하게 전달된 것으로 간주된다. 그러한 통지, 요청, 요구, 결정 및 기타 의사표시는 그와 같이 배달되거나 전자적인 방법으로 전송된 날 또는 우송한 경우 우송 후 7일 후에 행하여진 것으로 간주된다.

"갑"이 수신인인 경우: [주소]
[이메일주소]
[팩스번호]
[참조]
"을"이 수신인인 경우: [주소]
[이메일주소]

[팩스번호]

[참조]

"병"이 수신인인 경우: [주소]

[이메일주소]

[팩스번호]

[참조]

당사자 일방이 다른 당사자에 대한 통지로써 다른 주소를 특정한 경우, 그 주소로 통지할 수 있다.

제18조 (완전합의)

계약서는 계약서의 주제에 관해 당사자들간의 이전에 구두 또는 서면으로 한 모든 진술, 약정 기타 합의에 우선하며, 계약서에서 예기되어 있는 각종 합의서 및 기타 서류와 더불어, 당사자들간의 관계의 내용에 대해 완전합의를 구성한다.

본 계약서의 체결을 증명하기 위해 계약서 원본 [3]부를 작성하여, 당사자들이 이에 서명날인하고 각각 1부씩 보관한다.

년 월 일

"갑"

[서명]

“을”

[서명]

“병”

[서명]

행복한 이모작 학교 3

쫌 앞서가는 가족

1판 1쇄 찍음 2017년 6월 27일
1판 1쇄 펴냄 2017년 7월 5일

지은이 김수동

주간 김현숙 | **편집** 변효현, 김주희
디자인 이현정, 전미혜
영업 백국현, 도진호 | **관리** 김옥연

펴낸곳 궁리출판 | **펴낸이** 이갑수

등록 1999년 3월 29일 제300-2004-162호
주소 10881 경기도 파주시 회동길 325-12
전화 031-955-9818 | **팩스** 031-955-9848
홈페이지 www.kungree.com | **전자우편** kungree@kungree.com
페이스북 /kungreepress | **트위터** @kungreepress

ISBN 978-89-5820-467-1 03330

값 15,000원